苏东坡传说

# 苏东坡传说

**总主编 金兴盛**

浙江省非物质文化遗产代表作丛书

浙江摄影出版社

陈杰　倪灵玲　编著

# 总　序

中共浙江省委书记
省人大常委会主任　夏宝龙

　　非物质文化遗产是人类历史文明的宝贵记忆，是民族精神文化的显著标识，也是人民群众非凡创造力的重要结晶。保护和传承好非物质文化遗产，对于建设中华民族共同的精神家园、继承和弘扬中华民族优秀传统文化、实现人类文明延续具有重要意义。

　　浙江作为华夏文明发祥地之一，人杰地灵，人文荟萃，创造了悠久璀璨的历史文化，既有珍贵的物质文化遗产，也有同样值得珍视的非物质文化遗产。她们博大精深，丰富多彩，形式多样，蔚为壮观，千百年来薪火相传，生生不息。这些非物质文化遗产是浙江源远流长的优秀历史文化的积淀，是浙江人民引以自豪的宝贵文化财富，彰显了浙江地域文化、精神内涵和道德传统，在中华优秀历史文明中熠熠生辉。

　　人民创造非物质文化遗产，非物质文化遗产属于人民。为传承我们的文化血脉，维护共有的精神家园，造福子孙后代，我们有责任进一步保护好、传承好、弘扬好非物质文化遗产。这不仅是一种文化自觉，是对人民文化创造者的尊重，更是我们必须担当和完成好的历史使命。对我省列入国家级非物质文化遗产保护名录的项目一项一册，编纂"浙江省非物质文化遗产代表作丛书"，就是履行保护传承使命的具体实践，功在当代，惠及后世，有利于群众了解过去，以史为鉴，对优秀传统文化更加自珍、自爱、自觉；有利于我们面向未来，砥砺勇气，以自强不息的精神，加快富民强省的步伐。

党的十七届六中全会指出，要建设优秀传统文化传承体系，维护民族文化基本元素，抓好非物质文化遗产保护传承，共同弘扬中华优秀传统文化，建设中华民族共有的精神家园。这为非物质文化遗产保护工作指明了方向。我们要按照"保护为主、抢救第一、合理利用、传承发展"的方针，继续推动浙江非物质文化遗产保护事业，与社会各方共同努力，传承好、弘扬好我省非物质文化遗产，为增强浙江文化软实力、推动浙江文化大发展大繁荣作出贡献！

（本序是夏宝龙同志任浙江省人民政府省长时所作）

# 前　言

浙江省文化厅厅长　金兴盛

　　要了解一方水土的过去和现在，了解一方水土的内涵和特色，就要去了解、体验和感受它的非物质文化遗产。阅读当地的非物质文化遗产，有如翻开这方水土的历史长卷，步入这方水土的文化长廊，领略这方水土厚重的文化积淀，感受这方水土独特的文化魅力。

　　在绵延成千上万年的历史长河中，浙江人民创造出了具有鲜明地方特色和深厚人文积淀的地域文化，造就了丰富多彩、形式多样、斑斓多姿的非物质文化遗产。

　　在国务院公布的四批国家级非物质文化遗产名录中，浙江省入选项目共计217项。这些国家级非物质文化遗产项目，凝聚着劳动人民的聪明才智，寄托着劳动人民的情感追求，体现了劳动人民在长期生产生活实践中的文化创造，堪称浙江传统文化的结晶，中华文化的瑰宝。

　　在新入选国家级非物质文化遗产名录的项目中，每一项都有着重要的历史、文化、科学价值，有着典型性、代表性：

　　德清防风传说、临安钱王传说、杭州苏东坡传说、绍兴王羲之传说等民间文学，演绎了中华民族对于人世间真善美的理想和追求，流传广远，动人心魄，具有永恒的价值和魅力。

泰顺畲族民歌、象山渔民号子、平阳东岳观道教音乐等传统音乐，永康鼓词、象山唱新闻、杭州市苏州弹词、平阳县温州鼓词等曲艺，乡情乡音，经久难衰，散发着浓郁的故土芬芳。

泰顺碇步龙、开化香火草龙、玉环坎门花龙、瑞安藤牌舞等传统舞蹈，五常十八般武艺、缙云迎罗汉、嘉兴南湖掼牛、桐乡高杆船技等传统体育与杂技，欢腾喧闹，风貌独特，焕发着民间文化的活力和光彩。

永康醒感戏、淳安三角戏、泰顺提线木偶戏等传统戏剧，见证了浙江传统戏剧源远流长，推陈出新，缤纷优美，摇曳多姿。

越窑青瓷烧制技艺、嘉兴五芳斋粽子制作技艺、杭州雕版印刷技艺、湖州南浔辑里湖丝手工制作技艺等传统技艺，嘉兴灶头画、宁波金银彩绣、宁波泥金彩漆等传统美术，传承有序，技艺精湛，尽显浙江"百工之乡"的聪明才智，是享誉海内外的文化名片。

杭州朱养心传统膏药制作技艺、富阳张氏骨伤疗法、台州章氏骨伤疗法等传统医药，悬壶济世，利泽生民。

缙云轩辕祭典、衢州南孔祭典、遂昌班春劝农、永康方岩庙会、蒋村龙舟胜会、江南网船会等民俗，彰显民族精神，延续华夏之魂。

我省入选国家级非物质文化遗产名录项目，获得"四连冠"。这不仅是我省的荣誉，更是对我省未来非遗保护工作的一种鞭策，意味着今后我省的非遗保护任务更加繁重艰巨。

重申报更要重保护。我省实施国遗项目"八个一"保护措施，探索落地保护方式，同时加大非遗薪传力度，扩大传播途径。编撰浙江非遗代表作丛书，是其中一项重要措施。省文化厅、省财政厅决定将我省列入国家级非物质文化遗产名录的项目，一项一册编纂成书，系列出版，持续不断地推出。

这套丛书定位为普及性读物，着重反映非物质文化遗产项目的历史渊源、表现形式、代表人物、典型作品、文化价值、艺术特征和民俗风情等，发掘非遗项目的文化内涵，彰显非遗的魅力与特色。这套丛书，力求以图文并茂、通俗易懂、深入浅出的方式，把"非遗故事"讲述得再精彩些、生动些、浅显些，让读者朋友阅读更愉悦些、理解更通透些、记忆更深刻些。这套丛书，反映了浙江现有国家级非遗项目的全貌，也为浙江文化宝库增添了独特的财富。

在中华五千年的文明史上，传统文化就像一位永不疲倦的精神纤夫，牵引着历史航船破浪前行。非物质文化遗产中的某些文化因子，在今天或许已经成了明日黄花，但必定有许多文化因子具有着超越时空的生命力，直到今天仍然是我们推进历史发展的精神动力。

省委夏宝龙书记为本丛书撰写"总序"，序文的字里行间浸透着对祖国历史的珍惜，强烈的历史感和拳拳之心。他指出："我们有责任进一步保护好、传承好、弘扬好非物质文化遗产。这不仅是一种文化自觉，是对人民文化创造者的尊重，更是我们必须担当和完成好的历史使命。"言之切切的强调语气跃然纸上，见出作者对这一论断的格外执着。

非遗是活态传承的文化，我们不仅要从浙江优秀的传统文化中汲取营养，更在于对传统文化富于创意的弘扬。

非遗是生活的文化，我们不仅要保护好非物质文化表现形式，更重要的是推进非物质文化遗产融入愈加斑斓的今天，融入高歌猛进的时代。

这套丛书的叙述和阐释只是读者达到彼岸的桥梁，而它们本身并不是彼岸。我们希望更多的读者通过读书，亲近非遗，了解非遗，体验非遗，感受非遗，共享非遗。

2015年12月20日

# 目录

　　杭州物华天宝，人杰地灵，西湖这颗璀璨的明珠从古至今绽放着光芒。旖旎的风光吸引了无数文人骚客，留下许多佳话。在西湖乃至杭州的历史上，有一位不得不提的人物——苏东坡。苏东坡先后两次来杭，宋熙宁四年（1071 年）任杭州通判，元祐四年（1089 年）任杭州知州，两次任期在杭州一共待了四年又八个月。他对杭州怀有非常深厚的感情，将此地认作自己的第二故乡。

　　说起苏东坡，杭州百姓如数家珍，交口称赞。九百多年来，苏东坡传说经过百姓口耳相传，融人物事迹、地方民俗和西湖风景于一体，寄托了人们的情感，丰满而生动。2011 年，苏东坡传说列入第三批国家级非物质文化遗产名录。此后，通过戏曲、电影、电视剧等不同的艺术表现形式展现在大众面前，扩大了传播的力度和影响。

苏东坡作为杭州的地方官，善政佳绩卓著。他疏浚西湖，修建苏堤，为后人留下了苏堤春晓、三潭印月等景观；尽心尽力疏浚六井，解决杭城民众饮用水问题；自筹资金建立安乐坊，改变当时疫病横行，百姓无药可医的状况。作为文人，东坡温情而浪漫，他的足迹遍布杭州，结交了不少富有才情的友人，留下许多动人的佳话。他非常热爱生活，与他有关的东坡肉和酥油饼留存后世而成为杭州的特色美食。

本书选取苏东坡政绩、文才等方面的传说，将历史事迹和民间文学相融合，用文字的方式加以记载，这是非物质文化遗产传承与保护的重要手段。该书不仅可以让读者了解苏东坡传说中的逸闻趣事，更有益于加深人们对杭州历史文化和地方人情的认知。

杭州名人纪念馆馆长　韩建明

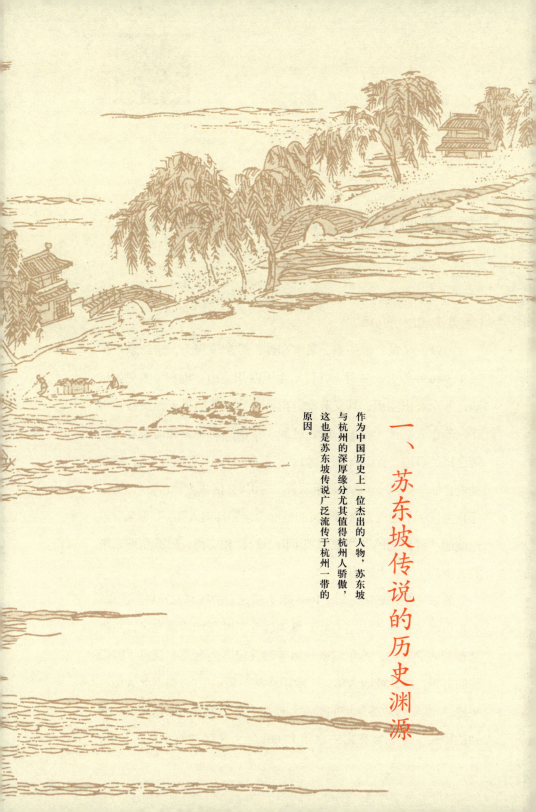

# 一、苏东坡传说的历史渊源

作为中国历史上一位杰出的人物，苏东坡与杭州的深厚缘分尤其值得杭州人骄傲，这也是苏东坡传说广泛流传于杭州一带的原因。

# 一、苏东坡传说的历史渊源

## [壹]苏东坡生平介绍

苏轼，名轼，字子瞻，又字和仲，号东坡居士，宋仁宗景祐三年（1036 年）十二月十九日出生于四川眉山。根据《宋史》记载，苏东坡出生后，其父苏洵外出游学，由他的母亲担负教导责任。苏东坡在读《汉书》时，读到了范滂因纠举豪强而被卷入党锢之祸的事迹，就问母亲："如果将来我成为范滂这样的人，母亲是否会准许呢？"苏东坡母亲回答："如果你能成为范滂这样的人，那我为什么不能成为深明大义的范滂母亲那样的人呢？"母亲对苏东坡的"经世为民"的理想表示出了赞许和支持，对苏东坡未来的人生产生了巨大影响。

苏东坡在宋嘉祐元年（1056 年）随父亲前往都城开封。次年，参加贡举试。该年的主考欧阳修为破除当时文坛的浮夸风，主张文章须言之有物，苏东坡以一篇《刑赏忠厚之至论》获得了欧阳修的赏识，因此被取为第二。欧阳修甚至表示："吾当避此人出一头地。"欧阳修对苏东坡的赞赏和提拔为苏东坡进入仕途扫清了最初的障碍。苏东坡在嘉祐六年（1061 年）又参加制举试入三等，

赵孟頫绘苏东坡像

因此被授予凤翔府签判，开始了宦途生涯。

宋治平三年（1066 年），苏东坡的父亲苏洵去世，除丧复职后的苏东坡被任命为开封府推官，正好遇上王安石开始秉政并推行新法，苏东坡两次上书神宗皇帝，论新法不便，因此被新党认为是反对新法的旧党人士，新党中的侍御史知杂事谢景温诬奏苏轼借父丧还乡之机私下贩卖违禁货物和私盐。朝廷查无实据，但苏东坡考虑到与当朝当权者政见相左，于是援引北宋的制度，自请外放，担任杭州通判。熙宁四年（1071 年），苏东坡第一次来到杭州任职。在杭州通判任上，他协助知州陈襄解决了杭州居民生活用水问题，疏浚了唐朝以来使用的六井和沈公井。

宋熙宁七年（1074 年），在杭州任职三年的苏东坡调任密州知州，随后在熙宁十年（1077 年）改知徐州。在徐州任上，黄河决口，徐州城富户纷纷逃离，但苏东坡下令禁止富民出城，全城无论是厢军还是禁军都必须全力抗洪。他发动民众，筑长堤九百八十四丈，在洪水退却之前一直在城上指挥抗灾，保证了徐州城一方百姓的安全。

宋元丰二年（1079 年），苏东坡改知湖州。到任后，新党中的御史中丞李定，御史舒亶、何正臣等上奏诬告苏轼谤讪朝政，因此引发了"乌台诗案"。苏东坡卷入这一文字狱后，被贬为黄州团练副使，移到黄州，躬耕于黄州东坡，因此自号"东坡居士"。他在黄州迎来了创作的高峰期,《前赤壁赋》、《后赤壁赋》、《念奴娇·赤壁怀古》、《黄州寒食帖》等一系列代表作品都是在黄州完成的。

哲宗即位以后,高太后秉政,司马光为相,废除新法,苏东坡也被召回开封,出任翰林学士、知制诰。宋元祐四年(1089年),他又因与旧党政见不合,再度请求外放,以龙图阁学士出知杭州。第二次任杭之初,适逢浙西一带冬春两季大水,至夏季则大旱,饥疫并作。苏东坡连上数道奏章为民请命,同时全力组织赈济灾民。他于杭州众安桥一带设立安乐坊,散发药物,防治疫病,又再度组织人力疏浚六井,解决百姓生活饮用水问题。

苏东坡在杭州任上,还主持了数项大规模的水利工程。他体察民情,知道百姓为开运河所苦。城中河道由于潮水倒灌,泥沙淤积,旱不能行船,涝则泛滥,多则五年少则三年必须重挖一次,官府借机盘剥百姓。苏东坡决心解决这一问题,于宋元祐四年(1089年)十月发动厢军开浚盐桥、茆山两河(今中河与东河),至次年四月完工。宋元祐五年(1090年)五月初五,苏东坡上《申三省起请开湖六条状》,阐明了西湖、钱塘江和城中运河之间的关系,提出了解决运河淤塞的办法。

西湖在唐朝以前籍籍无名,唐长庆年间,白居易任杭州刺史,建堤蓄水,用以灌溉千顷农田,自此无复凶年。西湖成为杭

贴黄目下浙中梅雨莙根浮动易为除去及六七月
大雨時行利以殺草荄荑蘊崇使不復滋蔓又浙中
農民皆言八月斷莙根則死不復生伏乞聖慈早賜
開允及此良時興工不勝幸甚
又貼黄本州自去年至今開浚運河引西湖水灌注
其中今来開除莙田逐一利害臣不敢一一煩瀆天
聽別具狀申三省去訖

申三省起請開湖六條狀

東坡全集

欽定四庫全書

元祐五年五月初五日龍圖閣學士左朝奉郎知杭州
蘇軾狀申軾於熙寧中通判杭州訪問民間疾苦父老
皆云惟苦運河淤塞遠則五年近則三年率常一開後
四五里每將興工市肆汹動公私騷然自骨吏壕寨兵
級等皆能恐喝人户或云當於某處置土某處過泥水
則居者皆有失業之憂既得重略又轉而之他及工役
不獨勞役兵民而運河自州前至北郭穿闤闠中蓋十

既畢則房廊邸店作踐狼藉園圃隙地例成丘阜積雨

《申三省起请开湖六条状》书影

州人赖以生息的重要水源，加上白居易诗名满天下，西湖经其品
题，声名远播，西湖作为景观湖由此而始。自白居易以后，西湖
疏浚成为历代所奉之成法。五代时期，吴越国钱王又设立撩湖兵，
专门负责西湖疏浚。苏东坡第一次来杭时，西湖湖面已有十分之
二三为莙草所覆盖；至第二次来杭时，西湖已有半数堙塞。苏
东坡担心"更二十年，无西湖矣"。宋元祐五年（1090 年）四月
二十九日，苏东坡上《杭州乞度牒开西湖状》，申明西湖有五大
功用：它是杭州人的放生池、饮用水来源、农业用水来源，又沟

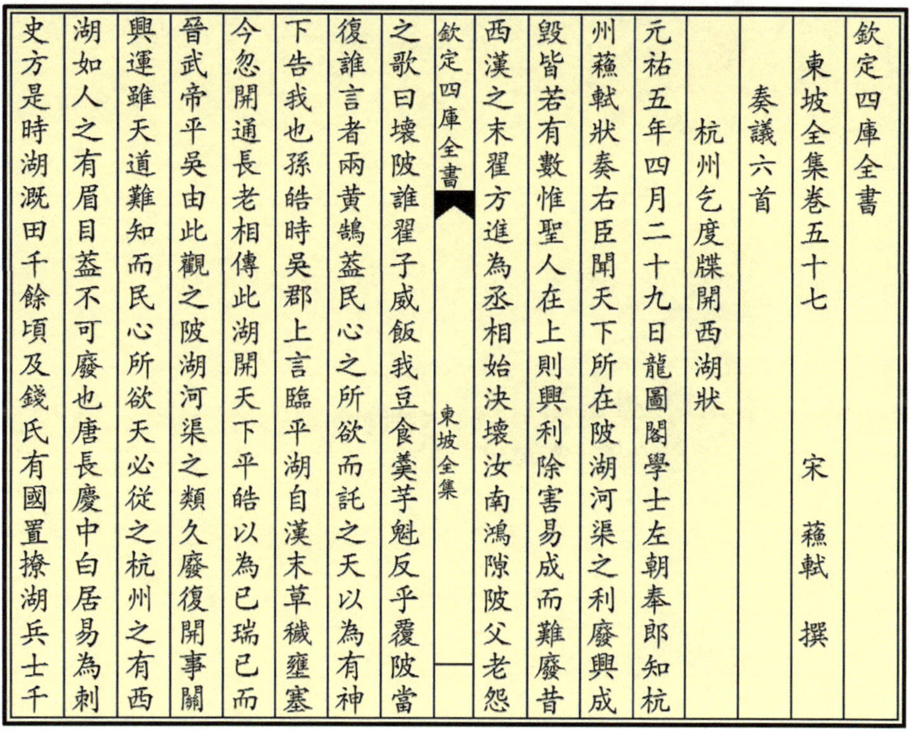

欽定四庫全書

東坡全集卷五十七

奏議六首

杭州乞度牒開西湖狀

宋　蘇軾　撰

元祐五年四月二十九日龍圖閣學士左朝奉郎知杭
州蘇軾狀奏右臣聞天下所在陂湖河渠之利廢興成
毀皆若有數惟聖人在上則興利除害易成而難廢昔
西漢之末翟方進為丞相始決壞汝南鴻隙陂父老怨
之歌曰壞陂誰翟子威飯我豆食羹芋魁反乎覆陂當
復誰言者兩黃鵠蓋民心之所欲而託之天以為有神
下告我也孫皓時吳郡上言臨平湖自漢末草穢壅塞
今忽開通長老相傳此湖開天下平皓以為已瑞已而
晉武帝平吳由此觀之陂湖河渠之類久廢復開事關
興運雖天道難知而民心所欲天必從之杭州之有西
湖如人之有眉目蓋不可廢也唐長慶中白居易為刺
史方是時湖溉田千餘頃及錢氏有國置撩湖兵士千

欽定四庫全書

東坡全集

一

《杭州乞度牒開西湖狀》书影

明代齐民作《苏堤春晓》图

宋代叶肖岩作《三潭印月》图

通运河水，还是杭州造酒业的水源。苏东坡发动杭州民工二十万人次，历时半年，疏浚西湖。在疏浚西湖过程中，苏东坡将挖出的淤泥葑草堆于湖上，筑成一条长堤，解决了西湖南北交通问题。堤上遍植桃柳，又作六桥，方便水上交通，杭人名之为"苏公堤"，后来成为南宋"西湖十景"之首苏堤春晓。为防止西湖再度淤塞，苏东坡又于湖最深处置三塔为界，三塔之内，不得种植菱藕，后为南宋"西湖十景"中的三潭印月。在明代演变为水上园林的小瀛洲及其南侧湖面上的三塔景观，在清康乾年间经重点

清《西湖志》中的"三潭印月"

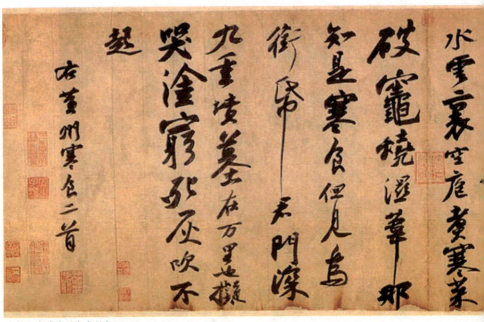

苏东坡作《黄州寒食帖》

苏东坡作《潇湘竹石图》

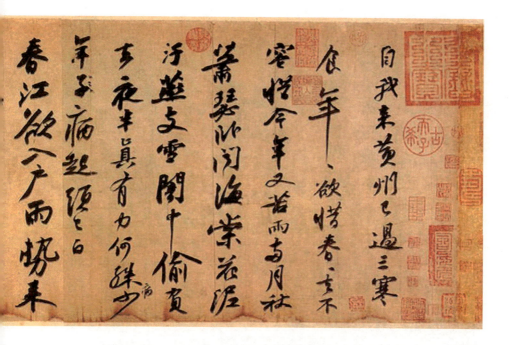

苏东坡作《枯木竹石图》

清《西湖志》中的"苏堤春晓"

维修，留存至今。苏东坡作为西湖文化景观的开创者，功在千秋。

宋元祐六年（1091年），苏东坡又被召回京师开封。很快，又外放调知颍州，接着又调任扬州、定州。宋绍圣元年（1094年），哲宗亲政，恢复新法，苏东坡被贬惠州，随后又被贬到海南岛上的儋州。直到宋元符三年（1100年），哲宗去世，徽宗即位，苏东坡才遇赦北还。在北还途中于建中靖国元年（1101年）七月二十八日卒于常州，葬于河南郏县。

苏东坡一生仕途坎坷，但于诗、词、书、画、文方面均有造诣。在诗方面，苏东坡可谓宋诗的代表人物，有《惠崇春江晚景》、《题西林壁》、《和子由渑池怀旧》、《石苍舒醉墨堂》、《惠州一绝》等名作传世。在词方面，苏东坡开创了宋词豪放一派，他一扫唐末五代以来词的"浮华绮丽"之风，打破了词的题材限制，创作出了《念奴娇·赤壁怀古》这样的豪放派的代表作品，称得上是中国文学史上的一大革新。在书法方面，苏东坡名列"宋四家"之一，其书法代表作有《中山松醪赋》、《洞庭春色赋》、《江上帖》、《黄州寒食帖》等，特别是《黄州寒食帖》，被称为"天下第三大行书"。在画方面，苏东坡被认为是开了文人画的先河，他的《枯木竹石图》、《潇湘竹石图》别具一格，体现出了文人独特的审美意趣。在文方面，苏东坡名列"唐宋八大家"之一，其文秉承了唐朝"古文运动"以来的经世文风，有《贾谊论》、《方山子传》、《石钟山记》、《前赤壁赋》、《后赤壁赋》、《答谢民师书》等传世。

作为中国历史上一位杰出的人物，苏东坡与杭州的深厚缘分

苏东坡作《洞庭春色赋》

苏东坡作《江上帖》

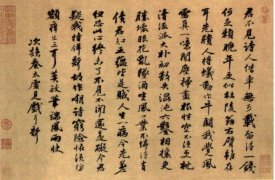

苏东坡作《次韵秦太虚见戏耳聋诗帖》

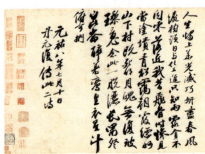

苏东坡作《李白仙诗帖》

苏东坡作《中山松醪赋》

尤其值得杭州人骄傲，这也是苏东坡传说广泛流传于杭州一带的原因。

**附：**

### 苏东坡生平年表

#### （依据孔凡礼撰《东坡年谱》编）

宋仁宗景祐三年（1036年）十二月十九日卯时，出生于四川眉山纱縠行。

宝元元年（1038年），兄长苏景卒。

宝元二年（1039年），弟苏辙生。

庆历二年（1042年），始读书。

庆历三年（1043年），入小学，师从张易简。

庆历五年（1045年），应父命作《夏侯太初论》。母程氏亲授苏轼兄弟书，以气节勉二子。

庆历六年（1046年），父洵应制策举，不中。

庆历七年（1047年），祖父苏序卒。

庆历八年（1048年），从父亲苏洵学，又拜师刘巨（微之）。

皇祐元年（1049年），苏洵作《名二子说》，为二子取名"轼"、"辙"。

皇祐二年（1041年），三姐适表兄程之才，后被程之才虐待致死，苏程两家关系破裂。

至和元年（1054年），娶王弗为妻。

至和二年（1055年），与父洵谒张方平于成都。

嘉祐元年（1056年），随父至雅州访雷简夫，回眉山后又于同年离蜀，与弟辙随父洵赴京师，至成都，谒张方平，方平撰书荐苏洵于欧阳修。离成都过剑门，经凤翔、扶风，过长安，出关中，五六月间抵达京师。父洵上书欧阳修，并进《洪范论》《史论》。欧阳修荐苏洵于朝。七月，朝廷以范师道等考试开封举人，秋，苏轼等应开封府解。

嘉祐二年（1057年），正月六日，以翰林学士欧阳修知贡举，翰林学士王珪、龙图阁直学士梅挚等并权同知贡举。苏轼应省试，所撰《刑赏忠厚之至论》无所藻饰，一反险怪奇涩之"太学体"，梅尧臣得之以荐，欧阳修喜置第二。复以《春秋》对义，居第一。苏轼、苏辙皆进士及第。四月七日，母程氏卒，回蜀奔丧。

嘉祐三年（1058年），父洵召试学士院，不赴。

嘉祐四年（1059年），往成都，十月，随父离眉州赴京师。

嘉祐五年（1060年），二月十五日，至京师。

嘉祐六年（1061年），八月十七日，命翰林学士吴奎、龙图阁直学士杨畋、权御史中丞王畴、知制诰王安石就秘阁考试制科，上苏轼、苏辙论各六首，合格。苏轼入三等，辙为四等，轼除大理评事，签书凤翔府判官。十二月十四日，到凤翔上任。

嘉祐七年（1062 年），正月，出府城，赴宝鸡等四县减决囚禁。秋，至长安，与章惇同考试永兴军路、秦凤路应解试士子。

嘉祐八年（1063 年），三月辛未（二十九日）仁宗卒。四月，英宗即位。

宋英宗治平元年（1064 年），磨勘转殿中丞。十二月十七日，罢签书凤翔府节度判官厅公事任。

治平二年（1065 年），二月，回京师，除判登闻鼓院，学士院试策，优诏直史馆。五月二十八日，妻王弗卒。

治平三年（1066 年），四月二十五日，父洵卒。与弟辙奉枢归蜀。

治平四年（1067 年），正月，英宗卒，神宗即位。四月，护父丧还里，十月，葬父于眉山。

宋神宗熙宁元年（1068 年），除丧。娶妻妹王闰之为妻。离眉山至长安。

熙宁二年（1069 年），二月，抵京师，以殿中丞、直史馆授官告院，兼判尚书祠部。王安石秉政。十一月，以殿中丞、直史馆判官告院权开封府推官。十二月，上神宗皇帝书，论新法不便。

熙宁三年（1070 年），二月，再上神宗皇帝书，论新法不可行。

八月，侍御史知杂事谢景温诬奏苏轼向丁父忧归蜀，往还多乘舟，载物资，卖私盐，按验无所得。十二月，罢权开封府推官，依旧官告院。

熙宁四年（1071年），迁太常博士，乞外补。六月，除杭倅（杭州通判）。十一月二十八日，到杭州任通判。十二月一日，游孤山，访惠勤、惠思二僧，有诗，惠勤盛赞欧阳修。

熙宁五年（1072年），四月，三子苏过生。六月二十七日，登望湖楼醉书五绝。闰七月，欧阳修卒，闻讣哭于惠勤室，为文祭之。是岁，陈襄到任知杭，苏轼奉转运使檄之湖州。

熙宁六年（1073年），知州陈襄选差僧人子珪等修浚西湖六井及沈公井，苏轼同为筹划，是年春，讫工，作《钱塘六井记》。七月，作《有美堂暴雨》。

熙宁七年（1074年），六月，陈襄离杭除知应天府。九月，苏轼移知密州。王朝云来归。十二月三日，到密州任。上书陈蝗灾。

熙宁八年（1075年），正月二十日，赋《江城子》，悼亡妻王弗。

熙宁九年（1076年），迁祠部员外郎。九月，诏移知河中府。十二月，罢密州任。

熙宁十年（1077年），二月，改知徐州，与弟辙同入京师。四月二十一日，到徐州任。七月，黄河决口。九月九日，水穿徐州城下，苏轼禁富民出城，劝禁卒尽力，筑长堤九百八十四丈，发公廪，济困穷，庐于城上，至是城全民安。

元丰元年（1078年），正月，神宗诏奖谕苏轼防洪功，上请筑木岸状。二月，朝廷赐钱发粟，因该筑徐州城外小城，创木岸四。十月，上皇帝书，论徐州为京东安危所寄，乞建立利国监治户武装等。

元丰二年（1079年），三月，罢徐州，以祠部员外郎、直史馆知湖州军州事。四月二十日，到湖州任。七月二十八日，中使皇甫遵到湖州勾摄苏轼前来御史台，罢湖州。先是御史中丞李定，御史舒亶、何正臣等言苏轼谤讪朝政，诏知谏院张璪及李定推治以闻（乌台诗案）。八月十八日，赴台狱。十二月二十六日，责授苏轼水部员外郎、黄州团练副使，本州安置，不得签书公事。

元丰三年（1080年），正月，离京赴黄州。二月一日，到黄州。

元丰四年（1081年），营东坡，自是始号"东坡居士"。

元丰五年（1082年），七月十六日，与客泛舟赤壁，作《赤壁赋》，赋《念奴娇》。十月十五日，复游赤壁下，作《后赤壁赋》。

元丰六年（1083年），九月二十七日，子苏遁生。

元丰七年（1084年），正月二十五日，神宗手札移苏轼汝州团练副使，本州安置。四月，离黄州，道游庐山。七月二十八日，幼子遽夭折。在金陵，晤王安石。

元丰八年（1085年），正月，报得请居常州，为检校尚书水部员外郎、汝州团练副使，不得签书公事，常州居住。三月，神宗卒，哲宗即位。五月，诏苏轼复朝奉郎，知登州。七月，自常州赴登州。九月十八日，以朝奉郎除礼部郎中。十月十五日，抵登州任。二十日，以礼部郎中召还。十一月，赴京师。十二月，抵京师就礼部郎中任。十二月十六日，除起居舍人。

宋哲宗元祐元年（1086年），正月，以七品服入侍延和，改赐服绯。三月十四日，免试为中书舍人，仍赐金紫。九月一日，司马光卒。十二日，以试中书舍人为翰林学士，知制诰。

元祐二年（1087年），七月二十六日，除兼侍读。

元祐三年（1088年），正月十七日，朝廷命苏轼权知贡举，孙觉、孔文仲同知贡举。

元祐四年（1089年），三月十六日，以龙图阁学士除知杭州。七月三日，到杭州任。十一月初四，奏《乞赈济浙西七州状》。

元祐五年（1090年），三月，设安乐坊，全活者甚众。四月二十八日，兴工开西湖。二十九日，奏《杭州乞度牒开西湖状》。九月，西湖工竣。十二月八日，作《六一泉铭》。十九日，次韵辩才诗。

元祐六年（1091年），正月二十六日，除吏部尚书。二月初四日，除翰林学士承旨。二十八日，以翰林学士承旨知制诰召还。三月，上《乞相度开石门河状》。五月二十六日，至京师。六月一日，宣召再入学士院。八月二日，侍御史贾易论苏轼元丰八年五月扬州题诗意存不善，并论其他事。四日，上《辩贾易弹奏待罪劄子》，执政吕大防等论奏拟苏轼、贾易两罢。五日，为龙图阁学士，知颍州。闰八月二十二日，到颍州任。冬，开颍州西湖。

元祐七年（1092年），正月二十四日，除知郓州。二十八日，改除知扬州。三月二十六日，到扬州任。

元祐八年（1093年），除知定州。八月一日，妻王闰之卒。

绍圣元年（1094年），六月初五，来之邵等疏苏轼诋斥先朝，诏谪惠州。十月二日，到责授宁远军节度副使，惠州安置贬所。

绍圣三年（1096年），七月五日，朝云病卒，作诗词悼之。八月初三日，葬朝云于栖禅山寺，作墓志，寺僧为建六如亭。

绍圣四年（1097年），闰二月十九日，责授琼州别驾，移昌化军安置。四月十九日，与子过离惠。五月，与弟辙相遇于滕州，同行至雷州。六月，至雷州，渡海，达琼州。七月二日，达昌化军（儋州）。

元符元年（1098年），正月，朝廷置局编录司马光、吕公著、苏轼、苏辙等"悖逆"罪状成书。

元符三年（1100年），正月十二日，哲宗卒，徽宗即位。二月，以徽宗登极恩移廉州安置。四月二十一日，以生皇子恩，诏授舒州团练副使，永州居住。五月，别海南父老北还。六月二十日，渡海至雷州，七月四日，至廉州。八月二十九日，离廉。十一月初一日，授苏轼朝奉郎、提举成都府玉局观、外州军任便居住。

宋徽宗建中靖国元年（1101年），六月初，始病，赴常州，上表请老，以本官致仕。七月二十八日，卒于常州。

## [贰]苏东坡传说的文化背景

杭州是中国的一座历史文化名城，有悠久的历史和文化。自秦时始设钱唐县以来，逐渐成为东南地区的经济枢纽，特别是隋代开通运河，自杭州北上沟通当时的政治中心洛阳及北方重要城市涿郡（今北京），使得杭州一跃而成为连接南北方经济的一个重要中转站，为隋唐时期杭州的发展奠定了基础。随后，随着城市饮水问题和农业灌溉问题的解决，杭州有了大发展，经五代吴越国的经营，到北宋时期一跃而成为"东南第一州"。南宋则定都杭州。至今，杭州仍是浙江省的政治、经济、文化中心，也是长江三角洲的重要中心城市之一。

杭州的发展，离不开历史上的名人作出的卓越贡献。唐朝时

李泌像

白樂天

五長之作達者之詞
流傳後代規諷當時

白居易像

杭州刺史李泌，为解决居民的生活用水问题，在城中开凿六井，至今杭州百姓仍以解放路上的相国井凭吊这位为民办实事的好官。随后，著名诗人白居易任职杭州，在任期间疏浚西湖，并重疏六井，在湖边筑堤蓄水，以为百姓饮用灌溉所需，离任之时，仅带走两片天竺石和一只鹤作为纪念。白居易的政绩、人品获得了杭州人永久的尊重，将其任职时已有的白沙堤称为"白堤"以纪念他。

白居易也是西湖文化景观遗产的重要开创者之一，他在杭期间创作了不少有关杭州和西湖的诗词，使得西湖文化景观驰名远近。北宋时期，另一位文豪同样为西湖文化景观遗产的形成作出了开创性的贡献，同时也在杭州留下了丰厚的文化遗产，他就是苏东坡。

苏轼一生中曾两次来杭为官，第一次是宋神宗熙宁四年（1071年）为杭州通判，第二次是宋哲宗元祐四年（1089年）为杭州知州，前后在杭近五年，政绩斐然。他给杭州人民留下了一条芳堤、一湖碧水、三百多首诗词和许多与他有关的传说，得到了杭州人民深切的感念和追思。

苏东坡传说源自杭州百姓对为民造福的苏东坡的景仰之情。苏东坡的才情、个性、文名、政绩原本在百姓之中留有良好的口碑。南宋时期，由于高宗、孝宗两朝对苏东坡的推崇和追谥，加

西湖全景

之南宋又定都苏东坡曾任职的临安（今杭州），民间关于苏东坡的传说广为流传，甚至进入了文人典籍之中。

宋代何薳著有《春渚纪闻》，单列《东坡事实》一卷，记有近三十篇东坡传说故事，四库阁臣在提要中记载此书乃是因为"薳父去非，尝以苏轼荐得官，故记轼事特详"。可以说，与苏东坡几乎为同时代的《春渚纪闻》为我们保留了最原始的苏东坡传说故事版本。在这些故事中，《回江之利》《赝换真书》两则故事与杭州有关，前者蓝本为苏东坡的《乞相度开石门河状》，是苏东坡在杭州期间为规划钱塘江水利以便利航运提出的一个未能实现的战略性构想，而后者则更具有生活气息：

> 先生元祐间出帅钱塘，视事之初，都商税务押到匿税人南剑州乡贡进士吴味道，以二巨掩作公名衔，封至京师苏侍郎宅，显见伪妄。公即呼味道前，讯问其掩中果何物也。味道蹙而前曰："味道今秋忝冒乡荐，乡人集钱为赴省之赆，以百千就置建阳小纱，得二百端，因计道路所经场务尽行抽税，则至都下不存其半，心窃计之，当今负天下重名而爱奖士类，唯内翰与侍郎耳，纵有败露，必能情贷，味道遂伪假先生台衔缄封而来，不知先生已临镇此邦，罪实难逃，幸先生恕之。"公熟视，笑呼掌笺奏书史，公令去旧封，换题细衔，附至东京竹竿巷苏侍

東坡先生無一錢詩醉草十紙龍蛇飛動皆非前後石
刻所見者則德麟趙丈嘗跋公書後有翰墨稽天發乎
妙定之語為不虛也
　龍團稱屈賦
先生一日與魯直文潛諸人會飯既食骨墮兒血羹客
有漬薄茶者因就所碾龍團遍啜坐人或曰使龍茶
能言當漬稱屈先生撫掌尖之曰是亦可為一題因援
筆戲作律賦一首以俾薦血羹龍團稱屈為韵山谷擊
節稱詠不能己已無藏本聞關子開能誦今亡矣惜哉
　贋換真書
欽定四庫全書
　　　　春渚紀聞
先生元祐間出帥錢塘視事之初都商稅務押到匿稅
人南劍州鄉貢進士吳味道以二巨掩作公名銜封至
京師蘇侍郎宅顯見偽妄公即呼味道前訊問其掩中
果何物也味道愛而前曰味道今秋忝冒鄉薦鄉人集
錢為赴省之贐以百千就置建陽小紗得二百端因計
道路所經場務盡行抽稅則至都下不存其半心竊計

《春渚纪闻》书影

郎宅，并手书子由书一纸付示，谓味道曰："先辈这回将上天去也无妨，来年高过当却惠顾也。"味道悚谢再三。次年，果登高第。还，具笺启谢，殷勤其语，亦多警策。公甚喜，为延欸数日而去。

这个故事讲述了苏东坡为一个上京赶考的士子排忧解难的故

事。这个叫吴味道的士子为了逃避沿途的关卡课税，伪称携带的是苏东坡给弟弟苏辙的邮包，恰巧被当时的杭州税务部门查获，送到任职于杭州的苏东坡面前。苏东坡问明原委以后，不但没有追究吴味道的责任，反而帮助他改换封皮，将假邮包做成了真邮包，并且亲自修书一封，向弟弟苏辙说明情况。

这个故事反映了苏东坡在老百姓心目中的形象，老百姓借故事的主人公吴味道之口赞颂苏东坡，说他"负天下重名而爱奖士类"，有着豁达开朗、不拘小节的性格特点，体现了苏东坡在百姓心目中的崇高地位。

同样记载东坡事迹的还有宋代施德操的《北窗炙輠录》，其中一则故事与杭州有关：

东坡性简率，平生衣服饮食皆草草，至杭州时，尝喜至祥符寺琴僧惟贤房闲憩，至则脱巾褪衣，露两股榻上，令一虞候搔。及起，观其岸巾，止用一麻绳约发。再又，筑新堤时，坡日往视之，一日饥，令具食，食未至，遂于堤上取筑堤人食器，满贮其陈仓米，一器尽之，大抵平生简率类如此。

故事中提到的苏东坡，会在寺院里脱去头巾披着衣服和僧人谈笑风生，也会在疏浚西湖的工地上拿着民工的碗"一器尽

視病罕診脈止令作咳嗽聲輒知病之所在不知此何
法也在經有見而知之者上也聞而知之者次也洞玄
之法非聞而知之者乎凡有病至不惟與藥地稍遠者
必設盃其貧者館之日與飲食如此則亦難繼矣故人
之所以餽洞玄者亦厚臨死日猶有遺三十緡蓋盡賞
于此也察洞玄之心自孫真人以來一人而已
張永德守鄭州其軍下有人詣闕告變者太祖械送其
人于永德使自治之永德止笞十智哉永德

欽定四庫全書　北窗炙輠錄

東坡性簡率平生衣服飲食皆草草至杭州時嘗喜至
祥符寺琴僧惟賢房閒憩至則脫巾褫衣露兩股榻上
令一虞候搔及起觀其岸巾止用一麻繩約髮再又築
新堤時坡日往視之一日飢令具食食未至遂于堤上
取築堤人飯器滿貯其陳倉米一器盡之大抵平生簡
率類如此
德昭母年近八十得疾冬苦寒夏苦熱八十非帛不煖
則老人之苦寒尚矣至夏則又酷畏熱德昭昆仲至冬

《北窗炙輠录》书影

之"，没有架子，平易近人，体现出了老百姓对这位文豪的爱戴之情。

　　宋人费衮的《梁溪漫志》中也记载了许多苏东坡故事，其中有杭州今天仍广为流传的《东坡判牍》故事的早期版本：

东坡镇余杭，遇游西湖，多令旌旗导从出钱塘门，坡则自涌金门，从一二老兵，泛舟绝湖而来，饭于普安院，徜徉灵隐、天竺间。以吏牍自随，至冷泉亭则据案剖决，落笔如风雨，分争辩讼，谈笑而办。已，乃与僚吏剧饮。薄晚则乘马以归，夹道灯火，纵观太守。有老僧，绍兴末年九十余，幼在院为苍头，能言之。当是时，此老之豪气逸韵可以想见也。

在故事的最后，作者还特别提到了这个故事是当初亲见东坡判牍风采的老僧口述的，体现了民间文学口耳相传的流传特征。

另外，在宋代庄绰的《鸡肋编》、皇都风月主人的《绿窗新话》等笔记中，都有关于苏东坡的故事留存，足见当时苏东坡传说流传之广。

元末明初人陶宗仪编有《说郛》，转引诸多宋元时期笔记小说中的苏东坡传说。而明清时期小说的兴起，为苏东坡故事的进一步流传提供了丰厚的文学土壤，尤其以明朝冯梦龙著《醒世恒言》中《苏小妹三难新郎》和清朝古吴墨浪子《西湖佳话》中《六桥才迹》等故事最具影响。《苏小妹三难新郎》还体现了文人加工的因素，如故事中对王安石的负面评价，"平时常不洗面，不脱衣，身上虱子无数。老泉恶其不近人情，异日必为奸臣，曾作《辨奸论》以讥之"，是根据南宋以来官方对王安石及其变法的负面评价的一种延续，但其塑造的聪敏的苏小妹形象仍然流露出了百姓鲜明的感情。而《六桥才迹》中的《画扇判案》、《疏浚西湖》、《慧识朝云》、《智点琴操》等故事，和今天流传的苏东坡传说并无差别，可以说，苏东坡传说至此已发展成熟。

综上所述，苏东坡传说是生发于宋，敷演于元，成熟于明清的民间传说，是老百姓对苏东坡爱戴之情的外在体现，同时也经过了历代文人的不断搜集、编辑甚至创作，通过文献和民间口耳相传两个互相影响的渠道流传至今，是宝贵的非物质文化遗产。

二、苏东坡传说的代表性作品

苏东坡传说是生发于宋，敷演于元，成熟于明清的民间传说，是老百姓对苏东坡爱戴之情的外在体现，同时也经过了历代文人的不断搜集、编辑甚至创作，通过文献和民间口耳相传两个互相影响的渠道流传至今，是宝贵的非物质文化遗产。

# 二、苏东坡传说的代表性作品

## [壹]苏东坡在杭政绩传说

苏东坡一生先后两次来杭，他关心百姓生活，体恤民间疾苦，在杭期间留下了很多德政，至今为人们所称颂和敬仰。

### 1.疏浚六井和沈公井。

杭州处于江海交汇之地，杭州湾两岸的土地大多是由钱塘江水带下和海潮涌上的泥沙堆积而成，这使得杭州城的地下水咸苦，不能饮用。为解决这个问题，杭州百姓开凿水井，汲取山泉。但是年深月久，水井常常干涸废坏，这给生活造成很大的不便。杭州城的饮用水问题也深深困扰着当地的父母官，他们为此做了很多事情。早在唐代，就有两位有名的刺史李泌和白居易先后为此作出了重大贡献，开凿并疏浚六井，解决了百姓一大难题。到了宋仁宗嘉祐年间，当时的杭州知州沈遘又一次疏浚六井，并重新开了一口井，百姓将此井命名为"沈公井"。

宋神宗熙宁四年（1071年），苏东坡第一次来杭州担任通判。当年深受杭城百姓喜爱的六井和沈公井因为年久失修已废坏，干净的饮用水又成了百姓的奢侈品。面对这种情况，苏东坡和当时

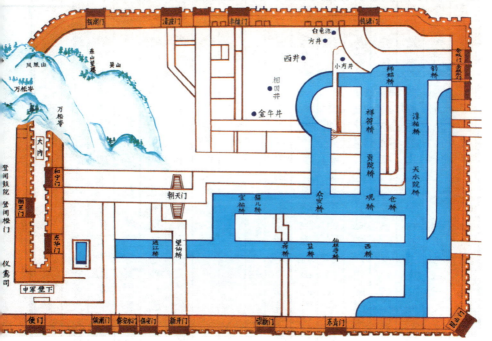

位置图

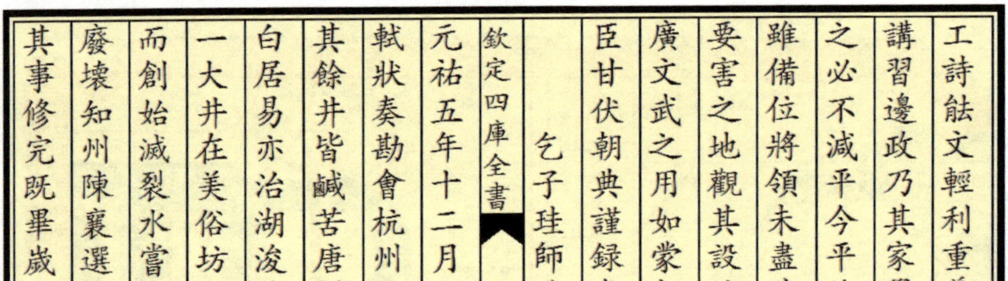

工詩能文輕利重義雖文臣亦未易得而其練達武經講習邊政乃其家學至於奮不顧身臨難守節以臣度之必不減平今平諸子獨有季孫在而年已五十有八雖備位將領未盡其用伏望朝廷特賜採察權置邊庭要害之地觀其設施別加陞進不獨為忠義之勸亦以廣文武之用如蒙朝廷擢用後犯入已贓及不如所舉臣甘伏朝典謹錄奏聞伏候勅旨

乞子珪師號狀

欽定四庫全書　東坡全集

元祐五年十二月日龍圖閣學士左朝奉郎知杭州蘇軾狀奏勘會杭州平陸本江海故地惟附山乃有甘泉其餘井皆鹹苦唐刺史李泌始引西湖水作六井其後白居易亦治湖浚井以足民用嘉祐中知州沈遘增置一大井在美俗坊今謂之沈公井最得要地四遠取汲而創始滅裂水嘗不應至熙寧中六井與沈公井例皆廢壞知州陳襄選差僧仲文子珪如正思坦四人董治其事修完既畢歲適大旱民足於水為利甚博臣為通

《乞子珪师号状》书影

的知州陈襄商议，决定对六井和沈公井进行疏浚。两位父母官经过认真的计划和安排，选派四位僧人承担此项工作，他们分别是仲文、子珪、如正、思坦。在四位僧人的带领下，疏浚工作紧锣密鼓地进行。大家同心协力，井水终于重新变得甘甜，可以继续惠泽于民。六井和沈公井修完之后，恰逢大旱，杭城百姓一点也不用为饮用水问题担心，人们拍手称赞两位父母官做了好事。

苏东坡第二次来到杭州担任知州时，已经是十八年以后了。当年他组织疏浚过的六井与沈公井再度废坏，井水干涸，而且当时的水价也异常昂贵，百姓的日常生活陷入困境。面对这种情况，苏东坡认为疏浚井水迫在眉睫，于是亲自实地调查，并且找到当初浚井的僧人子珪。此时的子珪已经七十多岁了，苏东坡虚心向他求教。按照子珪的建议，把地下竹管制的引水槽全部换成陶管，上下用石板保护，由一个井通向另一个井，这是一个造价很高的工程，工程量很大。苏东坡下定决心，一定要使工程受益百代，一劳永逸。他多方筹措资金。为了节省工钱，加快进度，还调出军队参加施工，因为苏东坡当时还兼任浙西的军事指挥官（浙西路兵马钤辖知杭州军州事），有兵权，况且军队也是受益者。经过一番艰苦努力，终于建成了在当时比较理想的供水系统，延伸了供水线路，把井水引到以前不能到达的地方，使得"西湖甘水，殆遍全城"。当年的部分井址被很好地保存下来，至今人们在杭州

相国井

解放路上仍然能看到那时的相国井。

**2.疏浚两河。**

苏东坡在兴修水利上的第二大政绩是疏浚茆山河、盐桥河，这两条河是杭州城内沟通钱塘江的要道，把内河航运和海运连成一片。涨潮的时候，钱塘江带来大量泥沙，形成倒灌，使河道淤塞，航行困难，影响交通运输，每隔三五年就要疏浚一次。苏东坡到任杭州以后，体察民间疾苦，百姓都说每次淘挖运河，不仅军民劳苦，而且贪官污吏乘机敲诈，声言要把污泥堆放某处，就得被迫行贿。每次疏浚完毕，街市人来人往，踩踏得不成样子，园圃空地污泥堆积成山，雨水冲刷，又流入河中，时隔不久，又需淘挖，劳民伤财，百姓叫苦不迭。

东坡觉得要把这个问题解决好，必须想一些治本的措施。他邀请了一些水利行家和有经验的老农，共同想办法根治两河的问题。他办事果断，立即着手组织人力，并且筹措资金。在半年的时间内，先彻底清除茆山、盐桥两河淤积的泥沙，各疏浚十余里，水深达八尺以上。父老乡亲们都说，三十年以来，开河都没有这么深、这么快的。苏东坡同时作出规划，以盐桥河专门受西湖水，另在城北余杭门外挖一条河与西湖相通，使河水持续保持水位。茆山河专受江潮，在南面钱塘江又修了一座闸门。江潮到来前关闸，防止潮水进入城中运河。退潮后开闸，这样城中再也没有江潮带来的泥沙之祸了，船舶也不会因为泥沙而搁浅，百姓再也不用受苦了。

**3.疏浚西湖。**

西湖是杭州的明珠，既能点缀风景、美化环境，供人们参观游览，又能够向人们提供饮用水和灌溉的便利。苏东坡爱西湖胜过一切。也许就是这个原因，他才两次来到杭州做官。他的著名诗句"欲把西湖比西子，淡妆浓抹总相宜"，把西湖比作我国古代的美女西施，正是出于对西湖发自心底的怜爱。

过去的西湖可以灌田千顷，而他第二次到杭州时，湖面淤塞一半，湖中长满葑草（多年生水生宿根草本植物），水流不出去，不能灌溉，严重影响了这一带的农业生产。百姓看到苏东坡来到杭州当官，并且经常为他们做实事，感觉有了希望。据说，当时有民众集结在东坡官府前，请求开浚西湖。苏东坡亲自接待民众代表，并且认真听取了意见。他又到西湖边做调查，搞清楚西湖的状况。前有唐朝李泌、白居易疏浚西湖的事迹鼓舞着他，今有百姓对他寄予厚望，于是，苏东坡决心切切实实为杭州百姓做一件好事。

可是疏浚西湖谈何容易，工程庞大，水中施工复杂，工期长，资金缺口大，真是困难重重。苏东坡既已下定决心，就誓要把这件事情做好。他从州府自筹一部分资金，又接连向皇帝上书，请

明代齐民作《三潭印月》

白苏二公祠（老照片）

清《西湖志》中的"六桥烟柳"

求支援。

他向皇帝上了《杭州乞度牒开西湖状》，列举五点西湖不可废的理由说服朝廷。抛开美化环境不算，还有供人们饮水、灌溉、运输、酿酒等好处。苏东坡着重提出西湖水是酿酒的好水源，酿出的酒质量好，每年国家的酒税也会增多。另外，苏东坡从佛家角度出发，提出要爱护水中鱼类，湖水干涸会伤害生灵，那样会受到佛祖的惩罚。苏东坡的

宋代叶肖岩作《苏堤春晓》

奏折文字优美，立论有据。宣仁高太后一向很支持苏东坡，也有可能为了行善或者是保证国家税收，朝廷终于拨给他一万七千缗，够整个工程用度的一半。

资金有了，朝廷又批准了他的浚湖规划。于是，他就开始干起来了。当时的杭州正在遭受天灾，东坡实行"以工代赈"的办

民国时期的西湖

宋代李嵩作西湖图

法，就是给予清浚西湖的民工优惠的报酬，以代替发放救济款。灾民听了都非常高兴，很乐意出工，疏浚西湖本身就是为自己造福，又有工钱拿，大家都干得十分卖力，进度很快。

在大家干得起劲的时候，苏东坡又开始考虑一个问题，那就是挖出来的淤泥和葑草该如何处理。他经过实地勘察，慎重考虑后决定用挖出来的泥土在湖中从南到北修筑一条长堤，既省工又省力。原来西湖从南岸走到北岸要花很长时间，堤修成之后，游人可以在湖中堤上漫步，既便利了南北交通，又给西湖增加了不一样的景观，真是一举数得的好事。同时，他还在堤上修建了六座拱桥，东西可以流水，并在堤的两旁栽种桃、柳、芙蓉。一到开花时节，山清、水碧、花红，很是诱人，这一景观就是南宋评定的"西湖十景"之首苏堤春晓。

### [贰]苏东坡在杭交往传说

**1.诗僧惠勤。**

西湖孤山南面的山脚下有一眼泉叫"六一泉"，相传泉名是苏东坡为纪念六一居士欧阳修而起的。

苏东坡第一次到杭州，先特地转道颍州，拜访了他的恩师欧阳修。欧阳修知道东坡这次离京，初到杭州人生地不熟，必然很不习惯，于是就向他介绍了杭州有名的诗僧惠勤。惠勤是余杭人，曾游历京城开封，常与欧阳修一起论诗品茗，非常要好。欧阳修有《山中乐》三章送给他，劝他南归。惠勤回杭州后，就在孤山

民国时期的苏堤春晓

结庵住下。欧阳修将惠勤介绍给苏东坡，说：西湖孤山有个惠勤和尚，文采很好，擅长作诗。你到杭州后，公务之余，闲来无事，可以去拜访他，问俗论诗，谈天解闷。

很奇妙的事情是，在苏东坡到杭州之前，惠勤草庵的讲堂之后突然涌出一泓清泉。惠勤对此并不感到奇怪，心想日后必有贵客来访。果然不出所料，苏东坡到杭州上任的第三天，就按老师的吩咐到孤山拜访惠勤了。东坡一到，惠勤连忙取泉水烧开，沏上香茗，二人边饮边谈，十分投机，从湖光山色谈到当今名人学士，话题也会转到他们共同的诗友欧阳修上。

第二年，欧阳修去世了，消息传来，苏东坡十分伤心，来到

六一泉

孤山与惠勤一起痛哭哀悼。

十余年后，苏东坡再度来杭，惠勤已去世多年。东坡感念旧人，特意重访惠勤旧居，只见堂前悬挂着欧阳修和惠勤两幅画像，惠勤的弟子二仲正在像前焚香拜祀。二仲看见苏东坡到来，连忙煮茶招待，并指着泉水请东坡命名。

东坡面对两位老友的画像，想起当年汲泉煮茗，相与谈论甚欢的情景，一股悲痛之情从心底涌起，就以欧阳修的名号六一居士题泉名为"六一泉"。一方面是惠勤生前所说的意思，使杭州有一个纪念欧阳修的地方；另一方面也是寄托自己的哀思，但愿泉水像欧阳公一样高风亮节，源远流长。此后，东坡又作《六一泉铭》一篇，记述此事。

**2. 辩才送客。**

西湖西面崇山峻岭中的龙井，门前有一条迂回曲折的小溪，名叫"虎溪"；溪上有一座小小的石拱桥，名叫"虎溪桥"；桥畔有一座古老的石亭，名叫"二老亭"。

虎溪桥上的石亭为什么叫"二老亭"呢？相传北宋时有一位高僧辩才禅师，自上天竺寺归隐龙井后，曾立下一条清规：殿上闲话，最多不过三炷香；山门送客，最远不过虎溪桥。辩才还在寺后建了一座草庵，取名为"远心庵"，常常独自在这庵中静心参禅，附近茶农见了他，都称呼他为"远公"。

辩才送东坡过虎溪图

　　苏东坡第一次来到杭州当通判，就十分敬仰辩才的道法学问，慕名到上天竺寺去拜访了这位高僧，两人一见如故，秉烛夜谈，十分有缘。转眼过了十五年，东坡再次来到杭州，担任知州。一天，他听说辩才已归隐龙井，就头戴斗笠，身披蓑衣，手扶藤杖，前去会老友。正想叩门，只见一位白头老僧，肩上扛着一根禅杖，上挂一个酒葫芦，一甩一甩地走来。东坡见这身影好像辩才，就在山门前停了下来。辩才虽已年老，但一下子就认出了东坡。故友相见，手拉着手，情不自禁哈哈大笑。

　　"辩才长老，十五年未见，你老了！""唉，岁月不饶人，学士

过溪亭（老照片）

别夏　元祐五年十二月十九日

水当逆流聊使此人山永记
二老游大千在掌握宁肯难
师为远以优送我还过溪二
恐名实浮我比陶令愧
笼头骤此生重窅寓常
雷雨卷潭湫未如珠还浦奥
无碍天人争挽留去如龙出
观骨老宁迷不知秋去佳雨

苏东坡作《次辩才韵诗帖》

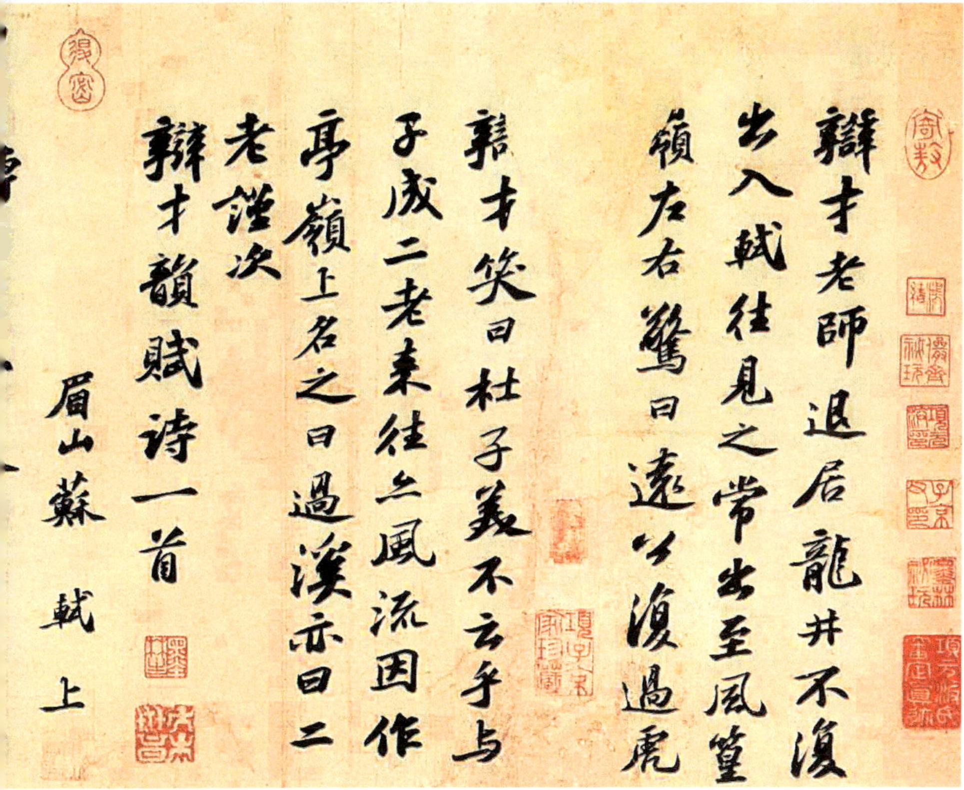

辩才老师退居龍井不復
出入軾往見之常出至風篁
嶺左右驚曰遠公復過虎

辩才笑曰杜子美不云乎与
子成二老來往兰風流因作
亭嶺上名之曰過溪亦曰二
老謹次
辩才韻賦詩一首

眉山蘇軾上

此次来杭，也两鬓添霜了。"东坡见辩才身背酒葫芦，好不奇怪："长老你身背酒葫芦，莫非出家人开戒了？""哈哈，我知道学士不忘故交，定会前来，所以特地提前备了美酒款待嘉宾啊！"辩才把东坡引进寺里，立即泡茶烫酒，说："山寺无佳肴招待，只有茶水和竹笋。"苏东坡哈哈一笑："茶笋尽禅味，松杉真法音！"

两人越谈越投机，苏东坡开怀畅饮，已微有醉意，辩才又邀请东坡同登风篁岭。苏东坡登岭后，只见四面修竹，翠色迷人，远处西湖平静如镜，不禁赞道："此处不愧为湖山第一佳处，远公好有福分啊！"第二天清早，苏东坡要告辞了。辩才又亲自相送，边走边谈，不知不觉已过虎溪桥。此时，山上的牧童、茶农都笑道："远公送客过虎溪了！"辩才闻言，抬头看看，人早已在山下，过了虎溪桥，不禁哈哈一笑，说："杜子美有云：'与子成二老，来往亦风流。'学士慢行，恕不远送。"东坡手执竹笠，向辩才笑道："远公破例啦，请留步！"

两人在一片笑声中，依依惜别。

后来，辩才便在虎溪桥上建了一座石亭，取名"二老亭"，以纪念这段千古佳话。苏东坡回到州府，挥笔写下了一首五言诗，专门记叙此事："此生暂寄寓，常恐名实浮。我比陶令愧，师为远公优。送我还过溪，溪水当逆流。聊使此山人，永记二老游。"

### 3.交友参寥。

苏东坡生性旷达，一生交友无数，除了结交众多文人学士之外，在杭州任通判期间，结识了与他非常有缘的朋友参寥。参寥本姓何，名道潜，参寥是他的字。他自幼出家，精通佛道，文章写得很好，尤其喜爱作诗，是西湖边有名的诗僧。

在第一次来杭担任通判期间，苏东坡偕友人游历寺院，与参寥初识，当时的参寥还是一个普通的和尚，尚未崭露头角。自此之后，两人的交往逐渐频繁起来。在东坡不断出任各州地方官的时期，参寥或亲自探望，或寄诗慰藉。

宋神宗熙宁十年（1077年），苏东坡出知徐州，参寥特去徐州拜谒，并以诗相赠。东坡看到参寥赠诗，十分高兴，写了《次韵僧潜见赠》赞扬其诗："道人胸中水镜清，万象起灭无逃形。独依古寺种秋菊，要伴骚人餐落英。"东坡和参寥在徐州共处时间并不长，但在频繁的诗歌往还中，两人的了解逐步加深。在东坡看来，参寥不仅诗作超群，佛法更是精深，善于将两者融会贯通。

参寥是一个重情的诗僧，东坡多次遭贬，他一直写诗相伴，宽慰东坡，可谓是患难见真情。参寥经历世事变化，看淡人生，东坡在被贬黄州之后，诗词逐渐趋于豪放、雄健，或多或少受到参寥的影响。

宋哲宗元祐四年（1089年），苏东坡第二次来到杭州，分别多年的老友相聚，格外开心。两人在孤山智果院精舍品茗论诗，好不畅快！两年后，东坡再次离杭，归京途中，他写下《八声甘州·寄参寥子》，劝慰好友，相信总有相聚的时候。然而，东坡之后一再遭贬，谪往惠州、海南儋州。参寥非常担心东坡的状况，派专使前往看望。此时的东坡心性十分豁达，一再寄信给参寥，告诉他总会有相聚的一天。

后来，东坡返京，途中不幸病逝于常州，死后更是被诬陷。参寥非常痛心，悲愤离世。后宋孝宗给东坡追谥"文忠公"，参寥也获得"妙总大师"的赐号。

**4.佛印禅师。**

苏东坡与禅师佛印相识很早，因东坡经常到各地任官，两人相聚不易。后来苏东坡到杭州任通判，佛印也成了灵隐寺的僧人，他们之间的交往就频繁起来了。

东坡和佛印志趣相投，经常在一起谈诗论文，对课行令，互猜谜语。一次，佛印去看东坡，见他正在看匠人仿制高丽折扇，便灵机一动，高声说："东坡，我有龙井新茶，但是你必须在漏壶卅滴辰光里猜出一个谜才许喝。"接着，他道："我有两间房，一间赁与转轮王。有时放出一线路，天下邪魔不敢当。"苏东坡听完大笑，说："这样浅显的谜语，别说漏壶卅滴辰光，就是廿滴也用不着。还是先猜我的吧！"他念道："一张琴，手中握，一根丝弦压在腹，有时捋来弹一弹，弹尽天下无声艺。"佛印听后，望望正在使用的墨斗，跷起大拇指，连连点头赞许。

原来苏东坡用的是以谜猜谜，他们是用了两个谜面打同一个谜底——墨斗。等东坡说完，漏壶也只滴了十滴水呢！

过了几天，苏东坡去灵隐寺看佛印禅师，闲谈之中，两个人又起意要猜谜，不过要换个新奇的方法。苏东坡不说谜面，而向佛印要来纸笔，在纸上画了一个和尚，左手拿一柄扇，右手捧一本经，要佛印猜一篇文章序中的两句话。佛印想了好一会儿，说："莫不是《关雎序》中的两句话，风以动之，教以化之。"东坡连连点头称许。

佛印猜出哑谜后也不肯罢休，要东坡也猜一个。他也不说谜面，取出一串钱，当面数出二百五十个拿在手中。东坡想了想问："猜书名吗？"佛印点点头。苏东坡笑笑说："是《千字文》吧！"东坡一下子就答对了。原来每个铜钱上有"宋通元宝"四个字，二百五十个铜钱正好一千字，谜底也就是《千字文》啦。两轮猜谜，东坡和佛印都很快猜到答案，用以谜猜谜的方式和好朋友较量，可见其智慧。

## [叁]苏东坡在杭遗迹传说

### 1.踪迹遍吴山。

宋代的吴山，擅钱塘山水之胜，是杭州城内一大风景胜地，素有"地有湖山美，东南第一州"的称号。苏东坡到杭州以后，公务之余，常和同僚、挚友在这里酣畅会饮，题名留诗，他的踪迹遍布吴山。

苏东坡第一次来到杭州担任通判时，有美堂已经落成，这里便成了他和文人墨客、官士大夫们的聚集之地。他们以诗会友，述志抒情，畅说西湖美景。当时和他交往比较频繁的有钱塘县令周邠、通判鲁有开、知州陈襄等。其中东坡和陈襄关系最好，亲如兄弟，他们之间的和诗最多。但是这种融洽的生活只有三年，

感花岩

宋神宗熙宁七年（1074年），陈襄调离杭州，虽有不舍也无可奈何。他在有美堂设宴，邀请众多好友参加。分别在即，东坡当场挥毫作《虞美人·有美堂赠述古》："湖山信是东南美，一望弥千里。使君能得几回来？便是尊前醉倒更徘徊。沙河塘里灯初上，水调谁家唱，夜阑风静欲归时，惟有一江明月碧琉璃。"惜别之情跃然纸上。

一到夏天，苏东坡便到吴山上的青霞洞避暑。这里宽敞清凉，睡午觉最妙。洞内壁上题有《宝山昼睡》诗一首："七尺顽躯走世尘，十围便腹贮天真。此中空洞更无物，何止容君数百人。"此诗颇有自嘲的意思。

吴山苏东坡遗迹中保留最完整的是感花岩。它位于吴山南侧紫阳山东北的宝莲山，壁上镌刻有"感花岩"三个大字，旁有一首苏东坡作宝成寺赏牡丹诗。后来明人吴东升在诗的两旁刻"岁寒松竹"四个大字，增色不少。据说这些遗迹原来都在宝成寺院内，寺院被毁后，遂移至山边石壁间，今有亭覆盖其上。东坡的诗在其诗集中题名为《留别释迦院牡丹呈赵倅》，诗曰："春风小院却来时，壁间惟见使君诗。应问使君何处去，凭花说与春风知。年年岁岁何穷已，花似今年人老矣。去年崔护若重来，前度刘郎在千里。"

关于这首牡丹诗，还有一段故事呢：一天，东坡办完公事，

感花岩刻石

正想找一好去处散散心，忽然想起陈太守昨日告知释迦院牡丹开得正盛。于是他兴冲冲上山来，进得释迦院内，只见善男信女进进出出，香火甚旺，院内外上千丛牡丹姹紫嫣红，透出阵阵花香。

东坡正看得入迷，忽然从山上传来时断时续的琴声。循琴音而去，来到瑞石洞口，只见洞内一女子素衣淡妆，头戴白牡丹，神情哀伤地在弹唱。东坡也不惊动她，静立洞外听得入神，忽然琴弦绷断，弹唱声即停。女子转过身来，发现苏通判正立在身后，不禁神色慌张。东坡见此，连忙上前安慰，并轻声询问："为何这么伤心？"女子听闻掩面而泣："奴婢姓吴，钱塘人氏。夫君刘志诚，四川宜宾人氏。去年夏天，夫君从杭州将茶叶、绸缎运往川南，不想船过瞿塘峡时忽遇洪水，船毁人亡，人财两空。夫君待我不薄，每年春日来此共赏牡丹。不想今日花还依旧，人却……"说着说着，已泣不成声。东坡闻言不禁动容，劝慰了那女子一番，又赠送十两银子，解她眼下之难。

后东坡复入释迦院，向智真长老借来笔墨，在瑞石洞下的崖壁上写下了这首牡丹诗，感花岩的名字由此而来。

**2.钱王祠表忠观碑。**

苏东坡两度来杭，他的遗迹散落于杭州各个景点，尤以西湖景点为甚。苏子由曾说过："昔年苏夫子，杖履无不亡。三百六十寺，处处题清诗。"但是时代变迁，历经沧桑，这些遗迹所剩无几，弥足珍贵。钱王祠内的《表忠观碑》就是东坡亲撰并手书的。

钱镠开创吴越国，连续三代五主均受中朝封为国王。宋神宗熙宁十年（1077 年），杭州太守赵抃奏请朝廷修复荒废的吴越王坟庙，以表示北宋朝廷厚待钱氏。次年，奏请获准，在杭州建表忠观，吴越时留下的庙宇和吴越王及其子孙的坟得到了修缮。曾任杭州通判、当时正任徐州知州的苏东坡撰书了《表忠观碑》。全碑分成八块，竖于表忠观内，叙述了建观的缘由，大力称颂钱武肃王的功绩。

建表忠观十四年后，钱王坟庙复又破损，坟庙隶属的地产收入被挪作他用。苏东坡第二次来杭时，看到这种情景，特向朝廷奏请不再支借钱王坟庙的地利房钱，获得朝廷批准，但是坟庙已恢复不到之前的壮观了。

到了元代，表忠观被毁，碑石也遭到破坏。后屡建屡遭破坏。1925年，钱氏后裔在柳浪闻莺内重建钱王祠，将残损的《表忠观碑》置于祠内。新中国成立后，表忠观作为古迹开放，供人观览。

《表忠观碑》今尚存三石，已移至杭州碑林（孔庙内）。每石高2.24米，宽1.04米，字径9厘米，虽系临摹，也颇得苏东坡书法的真谛。《表

钱王祠（老照片）

表忠观碑

忠观碑》已经成为少有的西湖书法艺术珍品。

**3.大麦岭题记。**

杭州天竺大麦岭，古木参天，郁郁葱葱。大麦岭东麓有苏东坡的题记。

苏东坡第二次来到杭州，已阔别杭州十五年。东坡闲时经常邀好友出游。三月的杭州，春意盎然，风景美不胜收。这一天，苏东坡邀约王瑜、杨杰、张寿等几位好友同游天竺。他们没有骑马坐轿，只带了一个随从步行前往，一路闻花香，听鸟鸣，赏美景，以诗唱和，好不快哉！途经大麦岭，看到路边有个亭子，他们几人便停下稍事休息，吃点点心，喝点水解解乏。

只见大麦岭树木丛生，景色怡人。亭子后面是个小山坡，前面却视野开阔，特别是亭子旁边有一块很大的崖壁。东坡一行人看到这样的景色，诗兴大发，纷纷作诗留念，再看到这一大块石壁，想着要是在上面题上字，定必会有更多的人过来欣赏这里的美景。于是，他们拿出随身携带的笔墨，题上："苏轼、王瑜、杨杰、张寿同游天竺，过麦岭。"遗憾的是没有题上即兴所作之诗。

过了没多久，苏东坡题字在大麦岭的事情很快就传开了，人们纷纷前往游玩，有心之人也将这些题字刻在了崖壁上，就这样一直留传下来了。

大麦岭题记

苏东坡在杭州的题字很多，但是在党禁时均被划去。大麦岭题记（现存浙江宾馆后山山坡）为正楷，字迹清晰，保存尚好，所以显得尤为珍贵。

**4.灵隐诗亭。**

灵隐景区峰峦挺秀，古木参天，泉水潺潺，不仅有鬼斧神工般的自然之美，又有千百年来劳动人民开发和雕琢的人工之美。

苏东坡第一次到杭州就游览了灵隐寺。那时的灵隐寺虽然在一定程度上遭到破坏，但香火仍很旺。饭时，千名僧人高堂会食，撞钟声响彻山谷，苏东坡非常喜欢这种氛围。在他离开杭州后，听说好友唐林夫要徙居灵隐寺，不胜羡慕，当即写了《闻林夫当徙灵隐寺寓居戏作灵隐前一首》诗表示祝贺，诗曰："我在钱塘六百日，山中暂来不暖席。今君欲作灵隐居，葛衣草履随僧蔬。"

灵隐寺前的飞来峰上雕刻有多座佛造像，堪称艺术精品。"溪山处处皆可庐，最爱灵隐飞来孤"，足以说明东坡对飞来峰的喜爱。

灵隐寺前有春淙亭和壑雷亭，亭名就取自东坡离杭后所写的描写灵隐的诗："灵隐前，天竺后，两涧春淙一灵鹫。不知水从何处来，跳波赴壑如奔雷。"寺前溪水分南北两涧，自天竺而下，汇合之处建一石桥，桥名"合涧桥"。桥上有亭，就是春淙亭。原亭在明代倾毁，现在亭上已经听不到溪水淙淙了。今桥亭石柱上有一联曰："山水多奇踪，二涧春淙一灵鹫；天地无凋换，百顷西湖十里源。"上联取自苏东坡诗，下联取自李白诗。壑雷亭在冷泉亭东侧十余步，南宋时所建。泉水猛涨时，游人可以听到水穿石洞时所发出的猛烈冲击声，站在亭上听起来，有似响雷在空中轰鸣。现在的壑雷亭是清

春淙亭（老照片）

壑雷亭（老照片）

末重建，新中国成立后修整的。

### 5.东坡路。

在杭州的西湖边，有一条东坡路，街知巷闻。北宋初期，这还是一条无名小巷，后来却因为大学士苏东坡而闻名。当时的这条小路，人稀店少。在路旁的一间草屋里，住着一个白发苍苍的老奶奶，以卖凉茶为生。

有一天，一个书生来到茶摊旁。老妈妈见他衣着简朴，举止有礼，连忙移过一张方凳，说："相公请坐。"书生落座后，看到身边的凉茶，问道："老人家，你这个凉茶可是卖的？"老奶奶笑眯眯地答道："可说是卖，也可说是送。""此话怎讲？""若是挑脚行夫，佣工童仆，手头有不便，不付钱也无妨，像你这样的斯文书生，那就一个铜钱一碗。"

书生见老人心直口快，言语朴实，点点头，拿过桌上一碗凉茶，才喝一口，顿觉精神一爽。喝完茶，准备付钱，哪知今日出门竟未带散钱，于是就取出一块碎银递给老奶奶。

老人一时之间兑换不开银两，就对书生说："相公既然不便，这碗茶权当老身请了。"书生感到过意不去，便说："老人家，这次就当是我赊欠的，下次路过，定当奉还。"他向老人家拱手相谢，转身而去。

过了一个多月，书生再次路过这里，猛然想起上次未付的茶钱，一摸口袋却又忘了带散钱，心中感到局促不安，急忙向老人道歉。老奶奶见这位书生对一个铜钱的事情如此认真，心中甚是欣慰，又特意端上一碗凉茶，请他坐下歇息。书生见她如此殷勤招待，更觉不好意思，说道："老人家，我身边不带零钱已成习惯，两次赊欠实在是抱歉，说不定下次来又会忘记。我看老人家你备些纸笔，倘若我再忘记带钱，就给你画一幅画当作茶钱吧！"老人家见书生言语落落大方，想必也是有才之人，于是点头答应了。

转眼到了六月天，这一日骄阳似火。书生一直记得上次的诺言，特地冒着酷热赶到老奶奶的茶摊，一到门前，就很有礼貌地问："老奶奶，你还记得我吗？可有备纸墨？"老人家一看，正是前两次来喝茶的书生，乐呵呵地说道："我知道你是正人君子，在你走后的第二天，我就备了纸墨。"书生一听，笑着对老人家说："今日我是特地为你作画来的。"说完，欣然提笔，画了一幅泼墨山水，题上落款"东坡居士"，笑着说："不知此画能否当得两次茶钱？"

老人家虽然年纪大了，但也见多识广，一看这落款，才知眼前这位衣着简朴的相公竟是文才盖世的苏学士，连忙躬身说道："老身有眼无珠，大人的字画重金难求，能得到大人墨宝是老身前世修来的福分。"

苏东坡赠画抵茶钱的事情很快就传开了，大家都知道苏东坡经常便服外出，而且身上不带零钱。为了一睹苏大人字画的风采，纷纷来到这里摆起了小摊子，做点小生意，希望有一天苏东坡能光顾。就这样，这条小路越来越热闹了。后来苏东坡离杭外任，人们为了纪念他，于是就叫这条小路作"东坡路"。

## [肆]苏东坡在杭佳话传说

### 1.画扇判案。

一天，有一个人到杭州府里来告状，说有个卖扇子的商人拖欠他的绫绢钱很久了，就是不还，明摆着存心赖账。东坡听后当即命衙役把那个卖扇子的商人传至堂上，严厉质问道："这个人告你欠他绫绢钱二万，可有此事？"没想到卖扇子的商人态度非常好，对于欠钱一事供认不讳。东坡一听，觉得他是个老实人，态度也就和气多了，又问道："既然知道自己欠钱，为什么拖这么久不还呢？"商人一听苏大人态度和缓，于是在堂上将事情始末原原本本说出。

原来这个商人生意向来还好，但是去年冬天父亲生病，家里的钱花了不少，一时间资金周转不开，想着来年开春扇子生意好，可以回本。不料，今春以来，雨水连绵，做好的扇子好多都发霉了，积压在那里，卖不出去，成本都收不回来，不得已才欠了他人钱。

东坡听后，觉得商人说得有情有理，不像是撒谎，但是案子还是要判的，得想个办法帮他把拖欠别人的钱

画扇判案

还上。东坡低头一思，计上心来，让衙役随商人回家，拿来二十把发霉的扇子。此时的原告和被告一头雾水，不知东坡大人为何如此。东坡也懒得解释，将扇子一一打开，摊在案桌上，磨好浓墨，开始在扇子上作诗画画。我们的知州大人根据霉点印子大小创作，霉点大的地方就画成假山盆景，霉点小的地方就画成松竹

梅"岁寒三友"，斑斑点点很多的就题上诗词。不一会儿工夫，东坡便将二十把扇子题画完毕，他把画好的扇子交给商人，并对他说："你把这些扇子拿到衙门口去卖，保证畅销。"

商人千恩万谢地出了门，还没开始吆喝，就有很多百姓围了上来。人们听说这是名满天下的苏学士亲笔题画的扇子，纷纷抢购，每把一千钱，片刻之间，二十把扇子一销而空，商人恰得两万，随即将钱还给债主。

东坡画扇判案的故事，一传十，十传百，一时间成为杭州美谈。

**2.冷泉判牍。**

苏东坡作为杭州的父母官，每天都要审理很多案件，但是他生性豪放旷达，不喜欢受拘束，只要有案件就会及时办理，也不拘泥于地点。他有空闲的时候很喜欢去灵隐寺游览，也在冷泉亭判过很多民事诉讼。其中就有一件凶杀案。

灵隐寺有个了然和尚，此人佛口蛇心，淫乱放荡，

冷泉亭（老照片）

常到妓女李秀奴家中厮混。后来，李秀奴对他厌倦，拒绝再与他交往，了然却死皮赖脸缠住不放。一个月黑风高的晚上，了然在寺中喝了点酒，心旌摇荡，又想寻欢作乐。于是，他跌跌撞撞来到李秀奴家，见大门紧锁，便用掌猛捶，吓得李秀奴魂飞魄散，不敢开门。了然破门而入，借着酒劲，一拳打在她的脑门上，可怜李秀奴一命呜呼。

县官审理这个案件后，向州府申报。刚巧，东坡在冷泉亭上读到这个案宗，不觉大怒，骂道："秃驴横行霸道，破坏戒律，打死民女，你的运数尽了！"立即传令将了然押到冷泉亭，当场审问。只见了然手臂上刺着两行字纹："但愿同升极乐园，免叫今生苦相思。"东坡看了火上浇油，心想，这厮不守清规戒律，却弄些风月笔墨，待本官用笔墨发落他去。于是，他提笔一挥，用《踏莎行》词牌写成判词一阕："这个秃驴，修行忒煞！云顶山上持斋戒。一从迷恋玉楼人，鹑衣百结浑无奈。毒手伤人，花容粉碎，空空色色今何在？臂间刺道苦相思，这回还了相思债。"

写完判词，东坡将笔用力一掷，令人将了然绑赴九里松，立即斩首示众。

**3.智审吴味道。**

官府逮捕了一个读书人，罪名是偷税漏税，被带到苏东坡这里，请知州发落。原来这个书生冒用苏轼的名字给在朝中为官的苏辙寄去两大件行李。在苏东坡担任最高长官的杭州，公然假冒他的大名，事情怎么会不败露呢？

书生很快被带到东坡面前，两大包行李上注明收件人是京师竹竿巷苏侍郎，"苏侍郎"就是当时在朝中任门下侍郎的苏辙。发件人署名是"苏轼"。东坡明显看出这个书生是利用他们兄弟的名义进行偷税，他开始审问。被告说："我叫吴味道，是南剑州人。乡里人知道我家穷，为支持我进京赶考，他们为我筹集钱，接得建州薄纱做盘缠。我知道带纱出门，这一路要抽好几次重税，到京师只能剩下一半。我想，如今天下最知名、最慷慨、最爱惜人才的莫过于你们苏氏兄弟，所以就冒用你们的名字以躲过重税。万一被抓，你们也会体谅我的。我冒犯了你们，我认罪。"

东坡相信他说的是事实，出于爱才，也为吴味道家乡人的义举所感动，他决定成全这位书生。他命衙役撕掉封签，亲笔写下新的更醒目的封签，列明同样地址、收件人和发件人，贴到行李上。还写了一封短笺给弟弟苏辙，请他关照。东坡把信交给吴味道说："这回就是把你抓到皇帝面前也没关系了。"惊魂未定的吴味道，怎么都没有想到自己不用判刑，还得到苏大人的亲笔书信，他接过书信，感激涕零地离开了。

后来，吴味道真的考中了进士，专程到杭州向苏东坡谢恩。

**4.创办安乐坊。**

圣散子方

草荳蔻 去皮麵裹 炮一箇　　木猪苓 去皮　石菖蒲　高良薑

獨活 去蘆頭　　附子 炮製去皮臍　　麻黃 去根　　厚朴 去皮薑汁

炒薫本 土炒去蘆　　芍藥　枳殼 去瓤麩炒　　藿香　柴胡

白术　細辛　防風 去蘆頭　　澤瀉　半夏 薑汁製

茯苓 各半　甘草 炙一

右剉碎如麻荳大每服五錢清水一鍾半煮取八
分去滓熱服餘滓兩服合為一服重煎空心服下

欽定四庫全書　　　　蘇沈良方

小柴胡湯

治解傷寒諸症

柴胡二兩　黃芩　人參　甘草炙　生薑各三半
夏兩半湯洗一　大棗十二枚破

右剉如麻荳大以水三升煮取一升半去滓再煎
取九溫服日三服此古法也今可作粗散每服三
錢棗三枚薑三片水一盞半煎至八分溫服氣實
疾勢盛者加至四五錢不妨並去滓此張仲景方

《苏沈良方》记载圣散子方

　　杭州地处水陆交汇之地，冬春水涝，夏秋旱灾，灾患不断，
疫病盛行，百姓求医无门，药价又普遍偏贵，真是苦不堪言。作
为父母官的苏东坡，看到这种情形深感痛心，决心为百姓做点
实事。

　　他千方百计寻得奇方圣散子，命宝石山下楞严院的僧人照方
制作。这个药专治手脚冰冷、腹痛下痢、发热恶寒等症状，且药
价不贵，药效神奇，是杭城百姓的福利。后来，苏东坡把药方传
给了名医庞安时，使得此方留传后世。

《清波杂志》记载安乐坊故事

　　苏东坡还一改自古"医不叩门"的旧习俗，决心改变零散的、没有专业医疗机构的现状，建立一家专门的医疗机构，里面有专业的从医人员，一心研究医道，救治病人。苏东坡很快就着手做这件事了，他到处筹集资金，从官府的经费中拨出两千缗，又变卖妻子的首饰，连同自己为数不多的积蓄共五十两黄金一并捐出，终于筹够经费。

　　最终，经过多方筹备，苏东坡在杭城中心的众安桥附近建立了一座公立医院，起名叫"安乐坊"。它是完全为了给老百姓看病设立的平民医院，与朝廷的皇家医院是两码事。按照当时的习俗，主管医院和主持医疗的都是有医道修养的和尚，成绩卓著，由政府授予紫袍，以示表彰，发给必要的薪金。创建之后，东坡时时关心过问。

　　据史书记载，安乐坊在三年之内医治过一千多名病人。后来医院搬到西湖边，改名"安济坊"，取安世济民之意。直至苏东坡离开杭州之后，安乐坊仍然发挥它的作用，为杭州的百姓看病。

　　**5.巧点琴操。**

　　当年苏东坡出任杭州通判，空闲之时，经常荡舟西湖。一日，苏东坡在游船上听得不远处一条船上传来笙管鼓乐之声，不时又传出一阵悦耳的歌声。这歌声委婉曲折，响遏行云，十分动听。苏东坡爱好音乐，听到有如此美妙的歌声，想

苏轼与琴操

要见见唱歌的人，于是吩咐手下人叫那唱歌的女子过来。

　　不一会儿，一个妙龄女子登上了苏东坡的游船。只见她模样端庄，眉宇间透出一股聪慧之气。旁边一个老总管附苏东坡耳边说，这姑娘名唤琴操，虽然沦落风尘，但洁身自好，而且才情很高，颇通佛书。

　　苏东坡喜研佛理，听说之后，就想考考琴操。他对琴操说："我做一回长老，你试参禅。"琴操恭敬地应诺说："好！"东坡问道："何谓湖中景？"琴操答道："落霞与孤鹜齐飞，秋水共长天一色。"东坡又问："何谓景中人？"琴操随口答道："裙拖六幅潇湘水，鬓锁巫山一段云。"东坡加深题意："何谓人中意？"琴操紧答："随他杨学士，鳖杀鲍参军。"又反问东坡："如此究竟如何？"东坡淡淡地说："门前冷落车马稀，老大嫁作商人妇。"琴操听后，心中骤然一紧，脸色也变了。

　　原来，前面几句对答，无非是借名人诗句互相酬对，但这最后一句的意思就非比寻常了，苏东坡是在此借唐人诗句点悟自己，意思说你琴操现在年轻漂亮，尚有人怀恋供养，一旦人老珠黄，就会"门前冷落车马稀，老大嫁作商人妇"。琴操真诚地说道："感谢先生点悟，我当脱离苦海，远离风尘，寻找清净之地。"

　　几天之后，琴操就到临安风景秀丽的玲珑山削发为尼，从此终日黄卷青灯，诵经念佛。

### 6.慧识朝云。

苏东坡才情奔放，却一生坎坷，然而幸运的是他先后有三位贤内助：发妻王弗、续妻王闰之、妾王朝云。其中朝云陪伴苏东坡的时间最长，留下了许多美好的故事。

朝云是杭州人，是东坡任杭州通判期间王闰之买回来的丫鬟，当时只有十二三岁。朝云聪明伶俐，东坡很是喜爱，不断地教她写字作诗。她天生一副好嗓子，唱歌的技艺很高。她长期生活在东坡的身边，知道东坡的喜怒哀乐，也最敬重和了解东坡，同时她也受东坡的影响和熏陶，增添了不少文采，才情越来越高。

苏东坡被贬黄州期间，正式收王朝云为妾。朝云比东坡小二十五六岁，她尽心辅佐王闰之，操持家务，殷勤周到。在东坡四十八岁的时候，朝云为他生了一个儿子。东坡非常疼爱这个孩子，取名为苏遯，小名干儿。东坡有感于仕途状况，还赋诗一首："人皆养子盼聪明，我被聪明误一生。唯望孩儿愚且鲁，无灾无难到公卿。"这首诗颇有自嘲的意思。可是这个孩子既没有显示聪明，也没有表现愚鲁，只活了九个月就夭折了。这让父母非常伤心，尤其是朝云，更是整日啼哭不止。

后来苏东坡再次遭贬至岭南，王闰之已经去世，只有朝云陪他前往。虽然岭南条件苛刻，生活困苦，但是已经五十七岁的东坡在活泼灵秀的朝云陪伴下，日子过得尚可。他们白发红颜，深情依旧，一起学佛诵经。东坡写诗赞美朝云，朝云则将这些诗词唱出来，他们虽然年龄相差二十几岁，却是真正的精神伴侣。

可是这种美好的生活没有持续多久，不幸的事情再次降临到这对恩爱的夫妻身上。在东坡六十一岁的时候，朝云身体羸弱，到达惠州不到一年，就受到当地最厉害的传染病——瘴毒的侵害，久治不愈，不幸去世。这对东坡是严重的打击，他肝胆俱裂，悲痛欲绝，任何罢官、流放的痛苦都比不上唯一的知己和伴侣离开自己之痛。

东坡在悲痛中只能接受这个事实，他亲自为朝云写了墓志铭，将她安葬在惠州栖禅寺松林中东南大圣塔旁，附近各庙的和尚筹款，在墓顶建了一座亭子纪念她，起名"六如亭"。东坡深深地爱着朝云，经常一个人到她墓前驻足沉思，还写了很多诗词纪念她。其中一首《西江月》，以花来象征朝云："玉骨哪愁瘴雾，冰肌自有仙风。海仙时遣探芳丛，倒挂绿毛幺凤。素面常嫌粉涴，洗妆不褪唇红，高情已逐晓云空，不与梨花同梦。"

### 7.东坡肉。

苏东坡疏浚西湖以后，四周的田地再也不怕旱涝了。这一年风调雨顺，在西湖水的灌溉下，粮食获得了大丰收。老百姓不忘苏东坡疏浚西湖的功绩，过年的时候抬着酒和肉给他拜年。可东坡是个清官，无论如何都不肯收百姓的东西。盛情难却，怎么办

东坡肉

呢？于是，他想了一个办法，叫人把肉切成方块，焖得酥酥的。
之后拿出当时疏浚西湖、修筑苏堤的民工花名册，吩咐家人和衙
役按照名册把肉分给民工，一家一块，让大家过个好年。

老百姓安居乐业，日子过得红红火火，这时候苏大人又给他
们送来了肉，他们就更加高兴了，纷纷夸赞东坡是爱民如子的父
母官，还把他送来的猪肉亲切地称为"东坡肉"。

那时杭州有一家大菜馆，老板颇有生意头脑，见人们纷纷夸

赞东坡肉，他也依样画葫芦，让厨师把猪肉切成方块，焖得又香又酥，作为新菜品推出。这可不得了了，菜馆生意一下子好了很多，早晚顾客不断。一传十，十传百，几乎杭州每家菜馆都有这道东坡肉。

后来，苏东坡离开杭州，杭州老百姓感念他的功绩，仍然时常称颂他。东坡肉也一代一代地传下来，成为一道杭州名菜。

### 8.酥油饼。

到过杭州的人都要尝一下吴山的酥油饼。这种传统名点，脆而不碎，油而不腻，香甜酥松。相传，酥油饼的来历也和苏东坡有关呢。

苏东坡第二次来杭州任职，他很喜欢到处游历。有一天公务之余，他与几名随从身披蓑衣，冒雨游吴山。当时吴山上有个夫妻点心铺，两人非常老实，每天做一点油饼，供应前来吴山观景的客人。虽然店小本钱少，他们却不惜工本，做的油饼香酥薄脆，人人爱吃，生意十分兴隆。

苏东坡经过长时间的跋涉来到吴山，此时又饿又累，见很多人都在吃油饼，也到店中买了，拿出随身携带的酒葫芦，坐在旁边的石头上美滋滋地吃起来。只见这油饼看上去油丝丝，闻起来香喷喷，吃起来松脆脆的，味道特别美，他一连吃了好几个，还即兴赋诗一首："野饮花前百事无，腰间唯系一葫芦。已倾潘子错著水，更觅君家为甚酥。"

吴山酥油饼

　　东坡吃完，兴冲冲地询问店主："这么好吃的油饼，叫什么名字啊？"店主笑而答道："山野小吃，要什么美名？"东坡觉得如此美点，没有美名，实在太可惜了，便想着替它取一名字。他仔细看这种油饼，一层层、一丝丝，很像身上穿的蓑衣，便说道："不取雅名，就叫它'蓑衣饼'吧。"此时旁边有些游人已经认出了这就是鼎鼎大名的苏学士了，于是对店主说："恭喜你们，这是我们杭州的父母官苏大人啊！"店主听了连忙道谢。

从此，吴山蓑衣饼因苏东坡而声名远播，制作也越来越精彩，成为杭州著名的点心。因方言"蓑衣饼"与"酥油饼"三字字音相近，且此饼又油又酥，后来杭州人就把它叫作"酥油饼"了。

## [伍]苏东坡在杭创作传说

### 1.《饮湖上初晴后雨》。

西湖有一个非常美丽的别名"西子湖"，这得益于苏东坡一首赞美西湖的诗《饮湖上初晴后雨》。苏东坡是怎样创作出这首精彩绝伦的诗的呢？这背后有一段美妙动人的故事。

苏东坡任杭州通判的第二年早春，西湖碧水盈盈，繁花似锦，风光怡人。时任知州陈襄邀请苏东坡到西湖荡舟游春，二人赏景对酌，谈古说今，十分欢欣。东坡望着西湖，突然问陈襄道："这么美丽的西湖有很多别称，我对其中的'镜湖'之称不甚了解，陈大人作为杭州知州，想必知道其中的原因吧？"

陈襄笑着答道："钱塘湖又叫'镜湖'。相传古代美女西施赴吴国前，曾在此以湖水为镜，梳妆打扮，所以才有此美称。"看着东坡如此好奇，陈大人又将民间广为流传的"西施照镜"传说细细说来。东坡向来喜爱搜集民间传说故事和风土人情，写入他的诗词当中。二人一个讲得精彩，一个听得有味，时间不知不觉过去大半。俗话说，春天孩儿脸，一日变三变。之前西湖上空还是彩霞满天，春阳沁人，刹那间阴云密布，春雨霏霏，天水相连，茫茫无际。

苏东坡望着忽晴忽雨的西湖，不觉诗兴大发，低声吟道："水光潋滟晴方好，山色空蒙雨亦奇。"刚吟完两句，一时搜尽枯肠，找不到合适的词句。这是，天又放晴，苏东坡便一手端着酒盅，漫步走出画舫，站在船头，一边凝视着西湖的远山近水，一边陷入沉思。醉眼蒙眬中，一阵暖风吹过，碧蓝蓝的湖水，波光粼粼，映出了西施那妖媚动人的容颜。东坡似有所得，赞道："西湖好美，宛若西施。"于是，"欲把西湖比西子，淡妆浓抹总相宜"的诗句呼之欲出了。

从此，美丽的西湖又有了"西子湖"的美名。西湖因美女西施之称，名扬海内外；热爱故国的西施也以湖名，流芳百世。苏东坡的这首《饮湖上初晴后雨》，唱尽西湖晴雨丰姿，成为历代万千首赞美西湖诗词中的绝唱。

**2.《六月二十七日望湖楼醉书》。**

六月初夏的一天，苏东坡与几个好友相约来到涌金门码头。他们租了一条小船，吩咐船娘摆上酒菜，便在船上边饮酒边欣赏湖光美景。

这时的西子湖青山绿水，荷花开得正盛，湖上游人尽情享受美景，好一派和谐的"人间天堂"景色。他们一边嗑瓜子，品尝夹馅藕，一边和着悠扬的古琴声唱起来。面对如此良辰美景，东坡举杯豪饮，谈笑风生，心情十分愉快。他看见船夫头上的黄头巾在青山绿水映衬下分外鲜明，便随口吟出了"映山黄帽离头舫，夹道青烟雀尾炉"的诗句，众人无不拍手称绝。

忽然，天边飘来了乌云，阵风吹乱了柳条，眼看要下大雨。苏东坡急令船家断桥靠岸，带着八九分醉意，登上了昭庆寺前的望湖楼。这时，风越刮越猛，雨越下越大。东坡站在望湖楼上被风一吹，酒醒了几分。他深深地被雷雨中的西湖景色吸引住了，不禁即景吟出了佳句："黑云翻墨未遮山，白雨跳珠乱入船。卷地风来忽吹散，望湖楼下水如天。"侍从看到东坡这样兴奋，连忙铺上纸，磨好墨，备齐文房四宝。只见东坡饱蘸浓墨，挥笔就写下了这首七言绝句，待到写完"六月二十七日望湖楼醉书"几个字，他把笔一掷就扑在桌子上睡熟了，鼾声犹如打雷一般。

十五年后，苏东坡第二次来杭出任知州时，在《与莫同年雨中饮湖上》中写下了诗句"还来一醉西湖雨，不见跳珠十五年"，当年望湖楼醉书的景象仍历历在目。

**3.《与莫同年雨中饮湖上》。**

宋哲宗元祐四年（1089 年），苏东坡以龙图阁大学士的身份出知杭州，与第一次来杭时隔十八年。经历仕途坎坷的苏东坡，看待官场的沉浮已经十分豁达，他专注于为百姓做事，闲时寄情山水，游历杭州。

东坡来杭，最高兴的莫过于他那些知交。一天，他与莫同年等二三好友相邀同游西湖。他们在六公园码头上船，沿着湖滨、断桥、白堤一路游去。湖上小船三三两两，岸上游人如织，好一派湖山春光。

天气好似小孩子的脸，说变就变。突然间，天空布满乌云，天色暗了下来，转眼就下起了小雨。俗话说，晴湖不如雨湖。面对此景，东坡他们也不急着避雨，既来之则安之。烟雨蒙蒙，湖上呈现出了不一样的朦胧美。

面对天气的瞬息万变，东坡一时感慨，禁不住想起自己的人生经历，同时也想到当年与好友同游西湖偶遇暴雨的情景，可是此刻的暴雨变成了小雨，当年的好友也已经调往其他地方任职。于是，他低头思忖片刻，吟出："到处相逢是偶然，梦中相对各华颠。还来一醉西湖雨，不见跳珠十五年。"东坡把它取名为《与莫同年雨中饮湖上》

**4.《有美堂暴雨》。**

苏东坡在杭州到处游历，写下很多描写景色的诗篇。自他写下"水光潋滟晴方好，山色空蒙雨亦奇"后，西湖的美景激发了更多诗人的兴致，成为他们赞美和吟诵的对象，好诗甚多，却从未有超越苏东坡的。东坡的诗，除了描写温柔细致的春雨之外，也不乏对激烈骤变的暴雨的描写。

吴山有个有美堂，为时任杭州太守梅挚所建，堂名取自宋仁宗赐梅挚诗"地有吴山美，东南第一州"。苏东坡任杭州通判时，常与同僚挚友会饮于有美堂，赏湖山美景，观吴山姿态，题诗作兴。

这一天，东坡正与几位好友在有美堂畅怀酣饮，突然间天气骤变，只见原本晴空万里的天空，大片大片的乌云就像随时要压下来一样，轰隆隆的雷声也仿佛从游人脚底响起，堂内顿时暗了下来。东坡依山远眺，只见江面上的波浪被狂风拍打得卷起很高。面对此情此景，东坡诗兴大发，于是就写下了这首《有美堂暴雨》："游人脚底一声雷，满座顽云拨不开。天外黑风吹海立，浙东飞雨过江来。十分潋滟金樽凸，千杖敲铿羯鼓催。唤起谪仙泉洒面，倒倾鲛室泻琼瑰。"

**5.《送杭州进士诗叙》。**

苏东坡到杭州任通判后，很快与知州陈襄成为好友。两人性情相投，常相约游湖赏景。当然，他们作为杭州百姓的父母官，也非常重视民生。

第二年，杭州有一大批考生要赴京考科举。为了鼓舞他们的士气，陈知州特别邀请这些人在中和堂相聚，为他们饯行，还作了诗送给他们。苏东坡作为通判，也列席其中，并为好友的诗加了序言。

苏东坡早年成名，却仕途坎坷，幸而生性豁达，已将这些荣辱得失看淡。面对这些斗志昂扬的年轻人，他深感欣慰，仿佛看到了当年的自己，然而他心中不免也有忧虑。思虑再三，他决定借此机会向各位书生表达心中的期许，于是就写了这篇《送杭州进士诗叙》：

> 右《登彼公堂》四章，章四句，太守陈公之词也。苏子曰：士之求仕也，志于得也。仕而不志于得者，伪也。苟志于得而不以其道，视时上下而变其学，曰：吾期得而已矣，则凡可以得者，无不为也，而可乎？昔者齐景公田，招虞人以旌，不至。孔子善之，曰：招虞人以皮冠。夫旌与皮冠，于义未有损益也，然且不可，而况使之弃其所学，而学非其道欤？熙宁五年，钱塘之士贡于礼部者九人，十月乙酉，燕于中和堂，公作是诗以勉之曰：流而不返者，水也；不以时迁者，松柏也；言水而及松柏，于其动者，欲其难进也。万世不移者，山也；时飞时止者，鸿雁也；言山而及鸿雁，于其静者，欲其及时也。公之于士也，可谓周矣。《诗》曰："无言不酬，无德不报。"二三子何以报公乎？

宋《咸淳临安志》中的西湖图

　　"叙"中满满的都是苏东坡对科考为官的看法和对贡士们的嘱托。他认为，士人读书考科，为的就是做官升官。但不能单纯为了升官，只一味地跟从政治风气，改变自己的志向，就是不讲求原则。

　　**6.《游虎跑寺泉诗帖》。**

　　唐元和十四年（819 年），性空禅师留住杭州大慈山，无奈没有水源，打算离去。当夜梦见神人告知："南岳衡山有童子泉，当遣二虎移来。"第二日性空醒来，果然见二虎在"跑地作穴"，泉水从虎爪下汩汩流出。性空禅师于是定居下来，虎跑泉也由此得名。

宋神宗熙宁六年（1073 年）的一个夏天，天气炎热，又加之政事繁重，通判东坡病倒了。为养病，他特地来到虎跑品茗听泉。一路上，但见四周布满李树黄瓜，庄稼地里飘来阵阵清香。幽静的环境，使他感到格外清爽，似乎病也好了不少。

虎跑祖塔院隐匿在山林中，寺中住持和尚是他的老朋友，一听他来了，连忙出山门迎接。听了来意，住持专门为东坡留了一间厢房，作为养病用。其他僧人对东坡也非常关心，他们借给东坡器具，让他亲自汲泉、烹茗、品饮。偶尔，东坡还和住持对弈，切磋棋艺，友谊逐渐加深了。此时的东坡在这种清幽的环境中怡然自得，心情格外放松，不知不觉病已好了大半。临走前，东坡听说了虎跑泉的来历，于是就写下了这首《游虎跑寺泉诗帖》："亭亭石塔东峰上，此老初来百神仰。虎移泉眼趁行脚，龙作浪花供抚掌。至今游人濯盥罢，卧听空阶环玦响。故知此老如此泉，莫作人间去来想。"

### [陆]苏东坡其他传说

**1.自号东坡。**

苏轼别号东坡居士，相信大家耳熟能详，可是这个别号是怎么来的呢？东坡居士的由来，可是有一段故事的呢。

苏轼因"乌台诗案"下狱，出狱后被贬至黄州（今湖北省黄冈市），住在长江边上的临皋亭。苏轼一家人口多，遭贬后收入骤然下降，又没有多少积蓄，生活日渐困顿。虽然面对政治上的失意，他以乐观的态度对待，泰然处之，而对生活上的实际困难却无可奈何，着实有些发愁。为了应付生活，家人只能变卖首饰和举债度日，但这毕竟不是长久之计。

在这种情况下，他的好朋友冯正卿向他伸出了援手，为他求得一片土地耕种，以维持生活。州太守徐君猷很同情苏轼，于是就拨出一块土地给他。这块地是营房废地，有四五十亩。苏轼与家人铲除杂草，拾净瓦砾，经过开垦整理，逐渐成了一个很好的园子。这块地在黄州城之东，也是在故营地之东，苏轼就给它起了"东坡"之名。相传这块营地是三国时周瑜破曹操之处，其根据是黄州城南面临长江，火烧战船的赤壁就在江边。这块地沾上了历史的边，就增添了几分灵气。苏轼亲自耕种，心情也格外好。

第二年二月间，他又在这块地上盖了有五间房的堂舍。他在墙的四壁上画了有森林、河流、渔夫的雪景。因为这个房子是在降雪中落成的，他就给房子起了个名字叫"东坡雪堂"，并亲笔写下"东坡雪堂"匾额悬挂在正门上。他还写诗一首，也算是自我安慰："出舆入辇，蹶痿之机。洞房清宫，寒热之媒。皓齿蛾眉，伐性之斧。甘脆肥醲，腐肠之药。"自此，东坡雪堂正式完工，他也就自称"东坡居士"了。

**2.戏谑佛印。**

苏东坡广结僧友，关系也很密切，其中就有一位佛印。佛印是临安人，姓谢名端卿，自幼熟读经史，博学多才，特别是对佛教教义深有研究，尤其擅长应对，反应灵敏，在当地很有名。

某年因大旱，神宗要在神庙祈祷，召集在京名僧演经说法，祈求甘霖，由东坡协理事宜。谢端卿当时还没出家，在京备考，东坡戏弄他说："你历来喜欢佛教禅理，最近神宗皇帝要召集有名的高僧诵经，你何不装作一个侍者，参与这盛大的仪式，亲眼看看皇帝，开开眼呢？"谢端卿一想，随即答道："好啊，愿意一饱眼福，承蒙关照！"东坡立即找人做了安排。

诵经开始了，各路僧人登上禅台，神宗皇帝在群臣的簇拥下焚香祷告。端卿被安排做捧烛的侍者，随在皇帝左右。神宗皇帝见他状貌魁伟，气度不凡，随意问道："侍者，信仰佛教诚心吗？"端卿有点紧张，可是皇帝问话又不能不答，于是说："素喜佛教，诚心诚意！"神宗见他品貌出众，又心地至诚，想为佛家招募人才，就说道："既然如此，就入佛门修道吧！"并立刻赐准披剃。

君无戏言，大相国方丈按照戒律立即执行。端卿无奈被剃掉乌黑的长发，穿起了僧袍，成了一个英俊的和尚。神宗还给他赐了一个法名了元，号佛印。端卿表面叩头谢恩，可心中不免悔恨，原想仗着佛学功底深厚，一举成名，谁料却剃度成了和尚。可是，事已至此，只能安心修行。后来，他苦心修行，潜心做事，当了金山寺的住持，成了江南一带有名的诗僧。

苏东坡总想着是自己连累了佛印，挂念他是否心甘情愿当一辈子和尚，于是就去考验他，看他是否还贪恋红尘。东坡带人到金山寺看望佛印，与他饮酒赋诗，并借机使佛印喝醉。佛印年轻力壮，东坡挑选随身带来的最标致的官妓，并且还告知妓女，能诱动和尚者受奖。

佛印半夜酒醒，发现身边躺着一个赤裸的美女，自知又受了东坡的骗，急忙把妓女赶走，并在墙上写下一首打油诗："夜来酒醉床上眠，醒来琵琶在枕边。传语翰林苏学士，不曾拨动一条弦！"东坡知道后哈哈大笑，确知佛印修道心诚，也就了了一桩心事。

**3.不合时宜。**

苏东坡在京任职期间，正好是以王安石为首的变法派和以司马光为首的保守派政治斗争最激烈的时候。新旧两党都想拉拢苏东坡，纷纷向他抛出橄榄枝。可是东坡对时政的态度却有点糊涂。

王安石变法受到神宗全力支持，虽然遭到旧党的反对，也持续推行了好几年。苏东坡却在这个时候站出来反对新法，指摘其中的弊端，这就遭到了王安石等人的愤恨和排挤，最终苏东坡被外放，贬为地方官。神宗去世后，高太后执掌政权，保守派司马光当宰相，他一上台就镇压新党，废除新法。在司马光的举荐下，苏东坡重新回到了朝堂，担任翰林。但是这个时候，东坡又有了别的想法，他认为新法已经推行好几年，百姓早已习惯，如果这个时候废除，反而对政治不利。因此东坡又开始反对司马光等人，上书请求继续推行变法。碍于情谊，司马光多方劝说，要求苏东坡和他站在同一阵线，可东坡就是不肯随波逐流。就这样，他又得罪了司马光等旧党。当时新旧两党都对苏东坡打击报复，他的日子可不好过了。东坡在两面夹击之下，进退两难，耽误了自己的大好仕途。

一天，东坡吃完晚饭，坐在花园里休息，想着这段时间发生的事情，心中甚是不快。他看着身边的姬妾，就捧起自己胖胖的肚子，问道："你们说我这肚子里都装了一些什么啊？"一个侍女抢先回答："老爷满腹都是文章。"她非常得意，自以为答得很对。可苏东坡却摇了摇头。见状，另一个丫鬟随即答道："大人满腹都是见识。"她对自己的答案也很满意，觉得这个答案能得到认可。可是，东坡摆了摆手，还是不言语。

这时候，苏东坡最爱的侍妾王朝云捧着一盒点心来到花园。东坡笑眯眯地问朝云："朝云，你来说说，我这一肚子里装的到底是什么？"朝云不语，低头沉思片刻，笑着对东坡说："学士你啊，装的一肚子的不合时宜！"东坡听后，哈哈大笑："对，对！我就是装了一肚子的不合时宜。"众人听罢都忍俊不禁。

说东坡满腹文章是不错，他确实思路敏捷，出口成章。说他满腹都是见识也是对的，他学识渊博，在各个方面都有独特的见解。但是苏东坡在新旧两党轮流执政之时遭到排斥和打击，确实是因为他不会逢迎权贵，装了一肚子"不合时宜"的主张。

**4.赠诗结怨。**

苏东坡一生交往中，很重要的的一个人物就是章惇。他与苏东坡结交很早，建立了友情，后来却成了死对头，对东坡横加迫害。

章惇早年考中进士，博学善文，深受王安石的赏识。东坡因诗入狱以后，他就坐到了副宰相的位置。元祐年间，旧党上台，章惇被弹劾做了地方官。哲宗亲政以后他做了宰相，就开始对政敌进行疯狂的报复。后期苏东坡丢官降职，流放海南，多是他的主张。

苏东坡与章惇结识是在任凤翔通判期间，章惇当时在商州任推官，两个人同时被调到永兴主持地方的进士考试。他们都年轻英武、上进，相处融洽，很快成为莫逆之交。章惇性格狂傲、胆大、记仇，虽然东坡对此有些看法，也还是和他相交。东坡还向他提出过自己的看法，当着章惇的面说他这种性格早晚会杀人。章惇对此却不以为然，两人的感情还是很好的。

关系这么好的两个人为什么会结怨呢？当年章惇去湖州任知

州的时候，东坡见老朋友外任，便写了一首诗送行，其中两句是
这样的："方丈仙人出渺茫，高情犹爱水云乡。""方丈仙人"是东
坡对章惇的称颂，湖州是个美丽的南方城市，说是"水云乡"大
体不差。而章惇则认为东坡是在讥讽自己。事出有因，原来章惇
家中兄弟很多，他排行老七。他出生时，父母不想再养了，把他
按在水盆中想将他溺死，后来被人救了下来。章惇平时最忌讳这
件事，但在朝中士大夫中早已传开。苏东坡的这首诗原本是出于
好意，却引来章惇极大的不满。二人交恶，这首诗可以说是导火
线。后来，苏东坡和章惇的政治观点不一致。章惇为了升迁，积
极投向王安石，于是打击东坡以向王安石及新党示好。

　　苏东坡曾说章惇什么事情都可以干得出来，这话不假。在京
期间，他与堂叔的小妾私通，有一次被人撞见，跳窗逃跑，压伤
街上行人。别人告发他，他利用手中的权力平息了此事。他还主
张杀人。朝中老臣刘世安，只因为说过不应该赦免他的话，他得
势之后把刘贬去南方，并派人劝他自杀。刘世安不肯，他就派人
暗杀。章惇当了宰相之后，极力劝说哲宗皇帝挖掘司马光的墓，
鞭尸示众，以警告所有不忠的臣民。他还说《资治通鉴》是奸党
编的，应该烧掉。所幸哲宗皇帝没有听他的，不然世间就要少一
部珍贵的史书了。他还主张株连之罪，认为死人不会有什么损失
了，应由他的后人来承担后果。

这样一个阴险小人，被《宋史》列为奸臣。与苏东坡这样性格坦荡、行事光明磊落的人不是一路人，分道扬镳是早晚的事，绝不仅仅是一首诗的原因。

**5.宿怨化解。**

苏东坡被贬到惠州不久，就得到一个令人担忧的消息。宰相章惇派了一个与苏东坡家族有着历史冤仇的高级官吏来查办这一带的政务，尤其是要考核流放大臣的政绩。

原来，被派来担任提刑官的官员是程之才，他是苏东坡的姐夫，也是表哥。按理说，这个关系很亲近，可是四十二年前他们就已经绝交了，积怨很深。事情是这样的：苏东坡有三个姐姐，大姐、二姐早亡，三姐嫁给了同乡的程氏家族，丈夫就是这个程之才。程是苏东坡舅舅之子，即苏东坡的表哥。表妹嫁表哥，亲上做亲，在当时是提倡的，被认为会增进双方的感情。但是这门亲事却出了麻烦。程氏家族依仗家有高官，地多产厚，虐待过门媳妇，东坡的三姐在程家很不愉快，没过两年就被折磨死了。爱女早亡使得苏洵大为恼火。他借着给家族立碑的机会，把所有苏氏家族的人都请在了一起，宣布与妻兄绝交。他指责大舅子沉迷肉欲，欺压良民，侵吞家产，是势利小人，宣布和程氏家族断绝往来。程氏父子受此指责，对苏家十分记恨。时间过去这么久，苏洵死了之后，关系也没有缓和。

章惇就是知晓他们之间的这种宿怨，所以才会故意派程之才前往惠州。

开始，苏东坡还有点担心，就派儿子苏过带着他的欢迎信去拜见姑父。东坡在信中说，自己早已脱离政界，每天都在闭门思过，只求平安无事度过晚年。此时的程之才也已经六十多岁了，毕竟是亲戚，看到东坡的境况，不免心生几分同情。他觉得过去的事情都是老一辈造成的，长者已经离世，何苦还让冤仇继续折磨下一代呢！他也很想化解这种怨恨。于是也写了一封信让苏过带给东坡，表示自己的诚意，并详细询问了内弟的起居和身体状况。

几天之后，他就直接派人求苏东坡给他的曾祖父写一篇小传，以刻碑留念。苏东坡早已是大诗人、大书法家，名望很高，也难怪程之才会有这样的请求了。东坡没有拒绝，一则为之作传之人是自己的曾外祖父，二则也是诚心和好。从此以后，苏程两家关系日善。

苏东坡这次没有被章惇的借刀杀人伎俩所害，反而因程之才而与当地政界建立了良好的关系，做了很多为民谋利的事情。有一次，惠州管辖的博罗县城发生大火，情况严重，百姓们没有住处，也没有饭吃。但是有些人却趁火打劫，社会秩序很混乱。县官为了修复衙门，不管百姓死活，还摊派物资和劳力。东坡得知后气愤不已，他向程之才反映情况，请他命令县官放粮救济灾民，而且不准向灾民摊派，问题很快得到了解决。还有一次，东坡发现当地粮价波动，百姓苦不堪言，他又写信告诉程之才，请他想出应对之策。程之才为官尚算廉正，这些问题都一一解决了。

**6.凤翔求雨。**

苏东坡一生到过多个地方为官，第一次就是到凤翔任通判。他在凤翔的这几年中，当地的自然灾害十分严重。

有一年从二月开始，一个多月没有下雨。当地的人很迷信，认为要到凤翔南边的太白山去祈祷。太白山顶有一座道观，观前有个小池塘，传说龙王就住在池塘里。三月初七这一天，苏轼让人带着丰盛的礼品到太白山去祭祀祈祷。说来也凑巧，几天之后，就下了一场小雨。雨虽小，却让百姓们对苏轼有了好感。苏轼并不因此感到满足，他请来年长的农民做了调查。一个老人告诉苏轼："听人说，唐代这位太白山神被封为神应公，宋代却被封为济民侯。山神无缘无故被降了一等，估计是生气了吧！"

苏轼听后，马上找来相关典籍和地方志书一查，老人说的一点不差。于是，他立即向仁宗皇帝写了一篇奏文，请求皇帝恢复太白山神原来的封爵。同时，又派了一名特使去通知太白山神。苏轼还特意交代特使，让他一定带回一盆太白山顶池塘中的龙水。

三月十九日，苏轼和知府一起到城外接龙水。为了表示对太白山神的尊敬和祈祷的诚意，他们还特地沐浴一番。城里的市民，乡下的百姓，听到这个消息以后，从四面八方赶来。说来也巧，这一天风云突变，雷鸣电闪，下了一场大雨。两天以后，又接着下了一场，连下三天，濒临枯萎的庄稼一下子又活了过来。

这下可热闹了，百姓对苏轼交口称赞，称他"苏贤良"。苏东坡为此还修建了一座喜雨亭，并专门写了一篇著名的散文《喜雨亭记》。这件事情，我们现在看来自然是迷信，那几次下雨不过是巧合而已，但它却充分说明了苏轼关心百姓疾苦以及百姓对苏轼的爱戴。

**7.二王内助。**

在苏东坡的一生中，先后有两位妻子陪伴他生活了大半辈子。这就是他的第一位妻子王弗和续妻王闰之。

苏东坡十九岁时第一次结婚，当时他正在读书，追求功名。他的妻子王弗比他小三岁，是四川眉州青神县人，出身于大族之家。其父王方是个秀才。王弗自幼读书，知书达理，温文尔雅。她十分崇拜苏东坡，了解苏东坡性格坦白实诚，她觉得照顾他比崇拜他更重要。苏东坡大事清楚，小事糊涂，生活中的一些琐碎的事情，都由妻子来料理。东坡刚登上仕途，王弗由四川跟随他到汴京、凤翔，成了他唯一的助手和参谋。

　　王弗二十一岁的时候生了一个男孩，取名苏迈，这让夫妻二人兴奋不已。但他们的恩爱生活并没有持续多久，王弗二十七岁的时候就去世了，留下只有六岁的儿子。此时苏轼正在皇家史馆任职，有机会博览群书，翻看大内收藏的珍本、手稿和名画，正是争取更大荣誉和名气之时。王弗作为东坡的结发妻子，却不能享受东坡的荣誉和成就。苏轼悲痛万分，把她的遗体运回四川。后来，苏东坡身居朝中要员，皇帝追封王弗为通义郡君。王弗死后十周年，苏东坡在密州任知州，他写了一首《江城子》词寄托哀思："十年生死两茫茫，不思量，自难忘。千里孤坟，无处话凄凉。纵使相逢应不识，尘满面，鬓如霜。夜来幽梦忽还乡，小轩窗，正梳妆。相顾无言，惟有泪千行。料得年年肠断处，明月夜，短松冈。"这首词感情真挚，词意凄婉，历来被称为"第一悼亡词"。

　　王弗死后一年，苏洵又去世了，苏东坡辞官回乡，为父亲守孝二十七个月。妻丧满后，他又第二次结婚，新娘是王弗的堂妹王闰之。其父王锡，也是进士。十年前东坡母亲去世时，他返乡守孝，常到王锡家做客。闰之当时只有十岁左右，是不被人注意的小姑娘。有时大家郊游野食，一同嬉戏。她很聪明，对这位殿试中头榜的人物印象很深，充满着羡慕和崇敬之情。如今，她已经是二十来岁的大姑娘了，堂姐夭亡，姐夫和外甥需要照顾，加之不少人积极为他们撮合，很快，他们就结婚了。王闰之比东坡小十一岁，她不像王弗那样能干，性情比较温和。她是苏东坡一生中最活跃时期的伴侣，与东坡共涉泥泞和坦途。她抚养堂姐的遗孤苏迈尽心尽力，后来她自己也生了两个男孩苏迨和苏过，"三子如一，爱出于天"，这是东坡《祭亡妻和安郡君文》中的评语。

在东坡贬官黄州时，闰之对东坡的照顾更加周到。东坡遭受了坐牢、免官等多重打击，在闰之的悉心关怀和照顾之下感受到家庭的温暖。可是在苏东坡任礼部尚书，也是他一生福禄达到最高峰的时候，年仅四十六岁的王闰之病逝了。从此，东坡的命运逐渐走向悲苦凄惨。闰之曾作为朝廷要员的夫人陪同皇后祭拜皇陵，参加各种仪式，享受贵夫人的一切荣宠。死后皇帝封她"同安郡君"的头衔。孩子们也已经长大成人了，苏迈三十四岁，苏迨二十三岁，苏过二十一岁。

闰之的葬礼非常隆重，东坡亲手写了祭文。妻子离他而去，他的悲伤难以形容。祭文中，东坡高度赞扬了闰之，说她是贤妻良母，得妻如此，一生无憾。

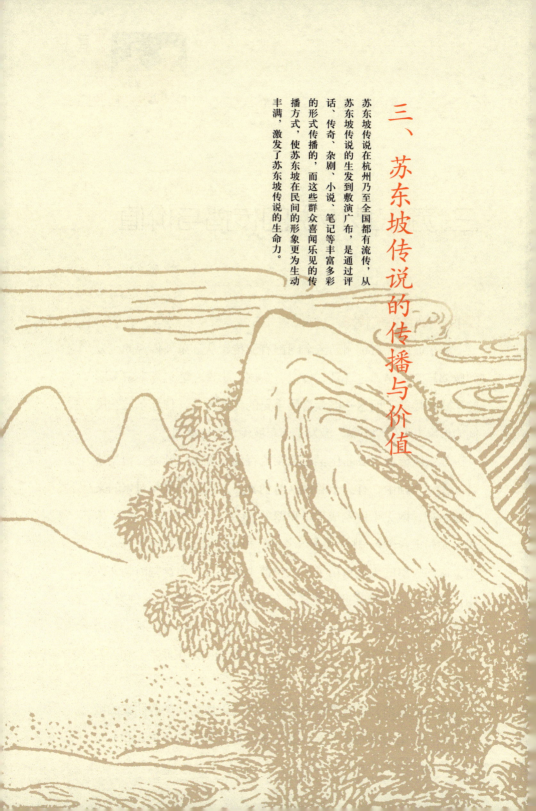

三、苏东坡传说的传播与价值

苏东坡传说在杭州乃至全国都有流传，从苏东坡传说的生发到敷演广布，是通过评话、传奇、杂剧、小说、笔记等丰富多彩的形式传播的，而这些群众喜闻乐见的传播方式，使苏东坡在民间的形象更为生动丰满，激发了苏东坡传说的生命力。

# 三、苏东坡传说的传播与价值

## [壹]苏东坡传说的传播

苏东坡传说在杭州乃至全国都有流传，从苏东坡传说的生发到敷演广布，是通过评话、传奇、杂剧、小说、笔记等丰富多彩的形式传播的，而这些群众喜闻乐见的传播方式，使苏东坡在民间的形象更为生动丰满，激发了苏东坡传说的生命力。

苏东坡传说的戏曲化早在杂剧流行的元朝就已开始。根据统计，在元杂剧中，有三十四种以前朝著名文人作为描写对象的文人故事剧，散见于钟嗣成《录鬼簿》、无名氏《录鬼簿续编》、朱权《太和正音谱》、姚燮《今乐考证》和臧懋循《元曲选》等著述中。这些故事的主角包括了十七位前朝的文人，而这些前朝文人中，以苏东坡最受欢迎，演绎苏东坡故事的元杂剧有七种之多，占总数的百分之二十。现存有关苏东坡的元杂剧仍有三种：费唐臣的《苏子瞻风雪贬黄州》、吴昌龄的《花间四友东坡梦》和无名氏的《醉写赤壁赋》。

在元散曲中，也有五十多位前朝的文人成为元朝散曲家的歌咏对象，其中陶渊明、屈原、苏东坡占据了前三的位置，和苏东坡有关的元散曲有据可查的也有四十一首之多（以上数据参见赵义山、田欣欣著《论元曲家笔下的苏轼形象》，载《中国文学研究》2003 年第 2 期）。

在这些杂剧中，费唐臣的《苏子瞻风雪贬黄州》是比较典型的东坡传说剧目。费唐臣为元时大都（今北京）人，生卒年不详，其父为元杂剧家费君祥，家学渊源，平生著述唯有《苏子瞻风雪贬黄州》一本留传于世。该剧以"乌台诗案"为题材，将苏东坡被贬黄州的故事用"风雪天"加以渲染，塑造了一个怀才不遇、落魄无奈的文人形象，而剧中的苏东坡在遭到新党迫害之后，仍然自称"我怕不文章似韩退之，吏笔如司马迁，英俊如仲宣、子建，豪迈如居易、宗元，风骚如杜少陵，疏狂如李谪仙，高洁如谢安、李愿，德行如闵子、颜渊"，体现出苏东坡在当时人们心目中已经有着非常高的地位。

吴昌龄的《花间四友东坡梦》和无名氏的《醉写赤壁赋》两个剧本大同小异，皆是以苏东坡续写王安石咏菊诗因而被贬黄州的故事为蓝本，穿插进苏东坡赋词戏王夫人、苏东坡戏佛印、苏东坡醉书赤壁赋等民间传说，表现了一个豁达开朗、不拘礼法，甚至是有些疏狂放旷的苏东坡形象。

在当代，一些吸收传统元素创作的新戏曲广受欢迎，为传统艺术注入了新的元素。浙江京剧团在 2001 年编创京剧《东坡宴》，无论从京剧艺术的角度还是苏东坡传说的角度看，这部剧都有很大的创新性。全剧以苏东坡疏浚西湖的故事作为蓝本，用了"东坡茶"、"东坡酒"、"东坡鱼"、"东坡鳝"、"东坡肉"和"东坡豆腐"这六道菜作为全剧的组织构架，塑造出一个爱民、清廉、豁达而又幽默的苏东坡，符合杭州老百姓心目中的苏东坡形象。全剧最大的亮点就是引进了一些"离经叛道"的台词，连一些杭州话也进入了京剧中，再加上"职称"、"握手"、"拥抱"等现代词汇，使整部戏令人耳目一新。

连环画是民间传说故事的一种很好的传播载体，它通过图文并茂的形式叙述故事，刻画人物，艺术形象多样，深受群众的喜爱。从 20 世纪 80 年代以来，有众多苏东坡传说的连环画问世。1980 年 11 月，浙江人民美术出版社出版了《西湖民间故事》连环画，其中就有《画扇判案》一册，并附有故事《东坡肉》，发行量达三十万册。1981 年，江苏人民出版社出版《中国古代文学家的故事》系列连环画，也有《苏轼》一册。1982 年，中国旅游出版社将苏东坡的《石钟山记》一文改编为连环画《石钟山探奇》，并在其后附故事《画扇巧断案》。《王安石三难苏学士》应该是连环画中最热门的题材，在 1982 年，吉林人民出版社和江西人民出版社分别以这一故事出版了连环画，其中前者的发行量高达六十万册，可以说是苏东坡题材连环画中发行量较大的一部。少年儿童

三、苏东坡传说的传播与价值

京剧《东坡宴》剧照

各种以苏东坡为题材的连环画

出版社在 1984 年发行了《中国古代画家故事》系列连环画，也把《东坡判案》列入其中。苏东坡传说可以说是连环画中的一个长盛不衰的题材，直到 2010 年，黑龙江美术出版社在出版《中国古代文学家的故事》系列连环画时，仍将《苏轼》列入。

现代新媒体传播手段为苏东坡传说的传播提供了新途径，电视剧这样的形式能让传说故事有更为广泛的传播空间。2008 年，北京小百花文化艺术中心制作了电视剧《苏东坡》，由陆毅、林心如等演员出演，获得了较好的口碑。

在杭州，苏东坡传说还以其他的一些方式流传。如东坡肉，有相关的故事流传，而今东坡肉仍是杭州的特色名菜。宋人认为猪肉是一种"浊肉"，若处理不当会有臊味，而由于宋朝有"禁宰耕牛"的法律制度，吃牛肉人的并不多，所以达官贵族都喜欢吃羊肉。《水浒传》里的英雄好汉经常吃牛肉，恰恰是他们对宋朝社会制度叛逆的一种表现。猪肉被宫廷贵族摈弃，成为一种"大众肉"。宋代诗人陆游写道："莫笑农家腊酒浑，丰年留客足鸡豚。""豚"就是猪肉，当时的农家都是以猪肉为主要肉食。而苏东坡由于"乌台诗案"被贬黄州，朝廷处分他"不得签书公事"，也就是不能参与公务，同样也没有俸禄，所以苏东坡在黄州只能以躬耕东坡种植庄稼养活自己，收入也十分微薄。苏东坡甚至不得不将每月的日用钱分为三十份挂在梁上，每天挑取一份作为一

电视剧《苏东坡》剧照

天的开销。在这样窘迫的环境下，爱好吃肉的大文豪只能选择"平民化"的猪肉了。正如苏轼自己写的那样："黄州好猪肉，价贱如粪土。"猪肉虽价钱便宜，但"富者不肯吃，贫者不解煮"。苏东坡于是精心研究煮猪肉的方法，他用写诗的方式写道："慢着火，少着水，火候足时他自美。每日起来打一碗，饱得自家君莫管。"在杭州，东坡肉的故事又和疏浚西湖联系起来，成为老百姓纪念这位大文豪的最好依托，也成为苏东坡传说流传的一个最好的载体。

与之相同的还有吴山酥油饼，杭州人在品尝、购买、销售这一美食的时候，同时也在传播着苏东坡与酥油饼的故事。

美食传说，除了给美食做了一个很好的广告以外，本身又是一份珍贵的非物质文化遗产。

### [贰]苏东坡传说的价值

苏东坡传说是杭州乃至全国人民集体智慧的结晶，它来源于历史真实，又高于现实生活，增添了传奇和虚构的色彩，体现了人民群众的创造力和想象力，表达了人们对苏东坡这位为民办事的历史名人的怀念之情。

在苏东坡传说中，还有不少具有现实意义，如苏东坡疏浚西湖的传说，体现了老百姓对保护西湖、保护生态环境的美好向往，与今天"五水共治"的政策不谋而合。在杭州本地，已经有一些

媒体将苏东坡疏浚西湖、疏治运河、疏通六井等传说故事与今天的整治水源、保护生态的大目标结合起来，将苏东坡传说故事作为宣传环境保护的一个良好载体。苏东坡"识曲怜才"等传说故事，也体现了老百姓对重视人才、培养人才的苏东坡的推崇，能够在社会上形成爱才、惜才的风气。东坡肉的故事又体现了苏东坡清廉的一面，能促进社会重廉、敬廉精神的培育。这些传说故事中，人民群众的爱憎之情跃然纸上，通过阅读和了解苏东坡传说，我

民国时期的三潭印月

们可以了解百姓的生活和思想观念。

同时，苏东坡传说又是丰厚的旅游资源，与苏东坡有关的苏堤、感花岩石刻、大麦岭石刻、表忠观碑等，是世界遗产西湖文化景观的重要组成部分，这些非物质文化遗产的实体承载极大地丰富了杭州这个旅游城市的人文内涵。

苏东坡传说为诸多的民间文艺，如戏曲、民歌、说书等提供了丰富的素材。同时，苏东坡传说还能为我们研究杭州地方史、地方民俗文化等提供史料借鉴。比如《表忠观碑》能从侧面印证杭州民间的钱王崇祀风俗，《过溪亭》则为龙井茶的"禅茶文化"提供佐证，《东坡肉》等故事又为杭州饮食文化史的研究提供了资料。

同时，苏东坡传说中还体现了老百姓朴素的价值观，如苏东坡"戏惩武举"、"严惩豪强"的故事，体现了百姓对鱼肉乡里的地方豪强的憎恶。同时，在苏东坡传说中又表达了百姓对为民、清廉、助人的苏东坡形象的赞赏，无疑对今天的社会道德建设和核心价值观弘扬有着借鉴作用。

# 四、苏东坡传说的保护与传承

苏东坡传说是一种民间口头文学作品，而在现代信息化社会，口头传承的环境受到冲击，传承十分困难。许多讲述者年事已高，相继去世，而年轻人的兴趣也有所转移，所以传统的以说书或口耳相传的形式传播故事的场面已经很难见到了，苏东坡传说的传承面临着断层，亟待加以抢救和保护。

# 四、苏东坡传说的保护与传承

## [壹]苏东坡传说的现状

### 1.苏东坡传说的传承人。

苏东坡传说的传承人沈淼，生于1945年，祖父沈鸿爵上过六年私塾，自幼好学，会讲苏东坡传说故事、西湖传说故事等，祖母林雪兰毕业于严州师范，也是苏东坡传说的讲述人。因此，沈淼自幼耳濡目染，传承了苏东坡传说的演讲技艺。同时，在西湖周边还活跃着一群民间说书人，有胡掌炉（1937年生，西湖街道杨梅岭村人，说书人，会讲苏东坡传说、济公传等民间传说）、王凤生（1934年生，西湖街道双峰村人，会讲鸡笼山传说、法相寺传说、棋盘山的传说、大麦岭的故事等）、应林生（1943年生，西子湖小学退休教师，杨梅岭村人，会讲苏东坡传说、杨梅岭的故事及乌龙入海、康王落难等民间传说），这些说书人为苏东坡传说提供了丰富的素材，不断丰富和充实了传说的内容，提高了"非遗"传承人的传讲技能。

沈淼先生曾任西湖乡中心小学（现杭州西子湖小学）校长、书记，在任期间，在对学生进行爱国主义教育时，将苏东坡作为重点宣讲对象，在主持编纂西子湖小学《走进西子湖》校本教材时，选入了涉及苏东坡的十六篇课文。同时，在沈淼先生主持编纂的《欢欢游西湖》课本中，把苏东坡浚湖筑堤的故事放入其中，《欢欢知西湖》中的《西湖特产大搜寻》介绍了故事《东坡肉》，《欢欢学儿歌》则把苏东坡的《饮湖上初晴后雨》、《筑堤》、《六月二十七日望湖楼醉书》三篇诗文收录其中。这些通俗易懂的校本教材使得苏东坡传说在西子湖小学的学生群体中广受欢迎。

沈淼先生在工作之余也不忘苏东坡传说的进一步普及，他在报纸、广播、电视、网络上广泛搜集苏东坡故事，并记了两大本笔记。如在 2008 年夏天，转塘街道方家畈村的陈良福和转塘中学退休教师廖远勋来到沈淼处，讲述了《东坡肉》的另一个版本——《和尚偷肉吃》。广泛的搜集工作使得苏东坡传说更为充实。同时，从 2000 年开始，沈淼先生利用暑假时间，到各街道各村给孩子们讲故事，先后应西湖风景名胜区管委会、西子湖小学、九溪社区、净寺社区、东坡社区、茅家埠村的邀请进行苏东坡传说的讲演数十场。沈淼先生会讲的苏东坡传说故事有八十多个，经常讲的故事有三十多个，包括《东坡肉》、《安乐坊》、《疏浚西湖》、《修通六井》、《画扇判案》、《郑容落籍》、《过溪亭》等一大批脍炙人口的苏东坡传说。

沈淼先生还积极帮助培养"非遗"传承的接班人，他多次来

"非遗"项目苏东坡传说代表性传承人沈淼先生现场讲述苏东坡的传说故事

到杭州苏东坡纪念馆讲述苏东坡传说，帮助苏东坡纪念馆讲解员讲好苏东坡传说，同时还将西子湖小学学生黄家欢培养为"非遗"项目苏东坡传说传承人之一。

**2.苏东坡传说的濒危状况。**

苏东坡传说是一种民间口头文学作品，而在现代信息化社会，口头传承的环境受到冲击，传承十分困难。许多讲述者年事已高，相继去世，而年轻人的兴趣也有所转移，所以传统的以说书或口耳相传的形式传播故事的场面已经很难见到了，苏东坡传说的传承面临着断层，亟待加以抢救和保护。

## [贰]苏东坡传说的保护

1994 年，杭州市有关方面组织人员对民间流传的苏东坡传说加以汇总整理，撰写了《苏东坡在杭州的传说》一书，由董校昌主编，百花文艺出版社出版发行，可以说，这是杭州较早的一次保护和整理苏东坡传说的尝试。

进一步保护苏东坡传说故事是一个系统工程。2009 年 9 月，在有关方面的努力下，苏东坡传说被列为第三批浙江省非物质文化遗产项目，沈淼被认定为非物质文化遗产项目苏东坡传说代表性传承人，这标志着非物质文化遗产项目苏东坡传说的保护步入了正轨。同时，西湖风景名胜区管委会和杭州名人纪念馆组织人力，有系统、有步骤地搜集相关的资料，对现有的苏东坡传说进

苏堤南入口处的苏东坡像

行盘查和整理，初步摸清了苏东坡传说流传的现状和大致情况。

通过一系列的保护、传承及努力，2011 年 5 月，苏东坡传说被列入第三批国家级非物质文化遗产项目。

为了更好地保护国家级非物质文化遗产项目苏东坡传说，2012 年，保护责任单位杭州名人纪念馆制定了《国家级非物质文化遗产项目苏东坡传说保护方案》，并成立了以传承人沈淼和杭州名人事迹宣讲团以及苏东坡民间文学研究专家为主体的专业研究宣讲团队。通过各种活动，进一步面向大众加强宣传，建立常态化和普通群众的互动机制。同时，推动苏东坡传说的市场开发，充分挖掘苏东坡传说的文化内涵和旅游资源。

在此基础上，西湖风景名胜区管委会和杭州名人纪念馆作为苏东坡传说的保护责任单位，采取了多种措施保护、传承及宣传它，具体如下：

2010 年 2 月 28 日，苏东坡纪念馆举行"元宵听大书——讲述杭州父母官与西湖的故事"活动，介绍苏东坡疏浚西湖、保护西湖的功绩。此后，该活动成为午度的第二课堂品牌项目，起到了很好的宣传效果。

2010 年 4 月 30 日，杭州名人事迹宣讲团走进青藤茶馆，宣讲苏东坡事迹，让新杭州人了解杭州人文历史。

2010 年 8 月 12 日，"名人文化结对宣传"走进梵村，宣传非物质文化遗产项目苏东坡传说。

2010年10月14日，非物质文化遗产项目苏东坡传说代表性传承人沈淼先生来到苏东坡纪念馆，向市民游客讲述苏东坡传说。讲座吸引了来自东坡路社区、清河坊社区、美政桥社区、三台山社区、净寺社区的居民以及其他博物馆的讲解员前来聆听学习。

2010年11月20日，杭州名人事迹宣讲团走进杭州图书馆"文澜讲坛"，宣传苏东坡等杭州名人疏浚、治理西湖的功绩。

2011年2月17日，为纪念苏东坡第一次来杭为官九百四十周年和苏东坡去世九百一十周年，苏东坡纪念馆邀请非物质文化遗产项目苏东坡传说代表性传承人沈淼先生为广大市民游客讲述苏东坡的故事。

2011年4月27日，杭州名人纪念馆和朝晖实验小学联合举办"创文明城市·爱家乡名人"第二课堂活动，小学生通过各种创意活动展示他们心目中的苏东坡形象，宣传非物质文化遗产项目苏东坡传说。

2011年9月12日，由杭州西湖风景名胜区（以下简称"名胜区"）管委会主办、杭州名人纪念馆承办的"明月几时有——东坡文化中秋会"在苏东坡纪念馆举办，市委副秘书长、西湖风景名胜区管委会党委书记王水法致辞，西湖风景名胜区管委会党委宣传部负责人为苏东坡传说保护责任单位杭州名人纪念馆授牌。收

杭州苏东坡纪念馆

杭州苏东坡纪念馆内景

2013年苏东坡主题故事连环画展

藏家姚嘉康先生还将其私人收藏的连环画《苏东坡》捐赠给苏东坡纪念馆。现场还进行了古法吟诵和戏曲表演。

2012年3月21日，浙江省国家级非物质文化遗产项目第六核查组一行在认真听取杭州名人纪念馆国家级非物质文化遗产项目苏东坡传说保护、传承自查报告工作情况汇报后，对苏东坡纪念馆开展现场实地检查工作，对杭州名人纪念馆在国家级非物质文化遗产项目苏东坡传说保护、传承方面的努力和工作亮点给予了充分肯定。

2012年4月25日，四十多名国际嘉宾走进了上城区东坡路社区与苏东坡纪念馆共建的东坡文化园，和社区居民共同体验东坡文化。

2012年5月15日，苏东坡纪念馆陈列改造工程进入实质性施工阶段。

2012年8月1日，改造完成后的苏东坡纪念馆正式对外开放，新陈列以"苏东坡与杭州"为主线，重点突出一代文豪苏东坡与杭州的渊源。

2012年8月12日，日本静冈县青年交流团到访苏东坡纪念馆，感受苏东坡传说的魅力。

2012年9月23日，由杭州名人纪念馆主办的"明月几时有——第二届东坡文化中秋会暨名人讲堂东坡诗词吟唱主题讲座"

正式举办，特别邀请浙江树人大学人文学院原院长吴士民教授为大家现场演绎东坡诗词古法吟唱，浙派古琴传人章怡雯老师等现场助兴表演。

2013 年 2 月 24 日元宵之际，杭州名人纪念馆再次邀请吴士民教授现场向市民游客演绎东坡诗词的古法吟唱。

2013 年 9 月 17 日晚，杭州名人纪念馆与杭州市非物质文化遗产保护中心、杭州市诗词楹联学会在苏东坡纪念馆联合举办"但愿人长久，千里共婵娟"2013 西湖中秋赏月雅集活动，有关领导及多位书法家、诗人、文史学家、艺术家到场参加活动。

2013 年 9 月 30 日，由杭州名人纪念馆主办的首届东坡文化创意生活节在苏东坡纪念馆开幕，以"文化·创意·生活"为主题，旨在用创新思维、创新形式丰富东坡文化内涵，体现东坡文化价值，扩大苏东坡传说的文化影响力。

目前，苏东坡传说正在焕发新的光芒，走进千家万户，让杭州人永远记住这位杭州的老市长。

# 主要参考文献

1. 杨建新主编，吴一舟、陶琳、沈少英编著《西湖传说》，浙江摄影出版社，2012 年版。

2. 凌飞云编《苏东坡逸事》，台湾可筑书房，1990 年版。

3. 欧少游编《苏东坡的故事》，台湾可筑书房，1990 年版。

4. 董校昌主编《苏东坡在杭州的传说》，百花文艺出版社，1994 年版。

5. 王国平主编，朱宏达、朱磊著《苏东坡与西湖》，杭州出版社，2004 年版。

6. 王水照、崔铭著《苏轼传》，天津人民出版社，2000 年版。

7. 钟来茵著《苏东坡三部曲》，文汇出版社，1999 年版。

# 后记

杭州名人纪念馆是国家级非物质文化遗产项目苏东坡传说的保护责任单位。作为杭州名人纪念馆的工作人员，我们有幸接受了"浙江省非物质文化遗产代表作丛书"之一《苏东坡传说》的编撰任务。在编撰过程中，我们不断加深对苏东坡传说的认识，也深刻意识到保护该项目的责任与重要性。

杭州名人纪念馆对苏东坡传说全面开展保护、传承、推广工作。我们相信，有社会各界的关注，有相关部门的重视，有民间力量的支持，加之我们的努力，苏东坡传说故事一定能得到更好的传播。

借此机会，我们衷心感谢社会各界曾经帮助过我们的人们。感谢杭州西湖风景名胜区管委会（杭州市园林文物局）的大力支持，感谢为传播苏东坡传说付出心血的传承人沈淼先生。此外，本书在编撰过程中，引用了大量的图片和资料，由于各种原因，未能一一注明出处和作者姓名，在此表示感谢，也敬请谅解。

由于我们水平有限，获得的文献资料未必全面、翔实，书中难免有不当之处，敬请各界专家、民间文学爱好者和广大读者不吝指教。

作者

责任编辑：唐念慈

装帧设计：薛　蔚

责任校对：王　莉

责任印制：朱圣学


装帧顾问：张　望


**图书在版编目（ＣＩＰ）数据**

苏东坡传说 / 陈杰, 倪灵玲编著. －－ 杭州：浙江
摄影出版社, 2015.12（2023.1重印）
　（浙江省非物质文化遗产代表作丛书 / 金兴盛主编）
　ISBN 978－7－5514－1188－2

　Ⅰ.①苏… Ⅱ.①陈… ②倪… Ⅲ.①民间故事—作
品集—浙江省 Ⅳ.①I277.3

中国版本图书馆CIP数据核字(2015)第278224号

**苏东坡传说**

**陈杰　倪灵玲　编著**

全国百佳图书出版单位
浙江摄影出版社出版发行
　　　地址：杭州市体育场路347号
　　　邮编：310006
　　　网址：www.photo.zjcb.com
制版：浙江新华图文制作有限公司
印刷：廊坊市印艺阁数字科技有限公司
开本：960mm×1270mm　1/32
印张：5.25
2015年12月第1版　　2023年1月第2次印刷
ISBN 978－7－5514－1188－2
定价：42.00元